Bibliografische Information der Deutschen Nationalbibliothek:

Die Deutsche Bibliothek verzeichnet diese Publikation in der Deutschen National-
bibliografie; detaillierte bibliografische Daten sind im Internet über http://dnb.d-
nb.de/ abrufbar.

Impressum:

Copyright © 2002 GRIN Verlag, Open Publishing GmbH
Druck und Bindung: Books on Demand GmbH, Norderstedt Germany
ISBN: 9783640330126

Dieses Buch bei GRIN:

http://www.grin.com/de/e-book/12473/benutzerfuehrung-durch-komplexe-
anwendungssysteme

Silke Karaus

Benutzerführung durch komplexe Anwendungssysteme

GRIN Verlag

GRIN - Your knowledge has value

Der GRIN Verlag publiziert seit 1998 wissenschaftliche Arbeiten von Studenten, Hochschullehrern und anderen Akademikern als eBook und gedrucktes Buch. Die Verlagswebsite www.grin.com ist die ideale Plattform zur Veröffentlichung von Hausarbeiten, Abschlussarbeiten, wissenschaftlichen Aufsätzen, Dissertationen und Fachbüchern.

Besuchen Sie uns im Internet:

http://www.grin.com/

http://www.facebook.com/grincom

http://www.twitter.com/grin_com

HAUSARBEIT

im Fach Wirtschaftsinformatik

an der

Hochschule für Technik, Wirtschaft und Kultur Leipzig (FH)

Fachbereich Wirtschaftswissenschaften

Studiengang Betriebswirtschaft

Benutzerführung durch komplexe Anwendungssysteme

Eingereicht von: Silke Karaus

Leipzig, 15. März 2002

I. Vorwort

Die optimale Führung oder Anleitung des Benutzers durch ein komplexes
Anwendungssystem verlangt die Beachtung vieler wichtiger Kriterien bei der
Erstellung und Anpassung von Software. Es soll eine Kommunikation zwischen
Mensch und Computer geschaffen werden. Das Zusammenwirken zwischen Mensch
und Maschine unterliegt gewissen Grundprinzipien, die häufig unter dem Schlagwort
Software- Ergonomie zusammengefasst werden. (siehe Anhang, Abb.1) Die
Softwareergonomie beruht auf der Basis des Grundverständnisses von Ergonomie.
Es geht hierbei um die Anpassung von technischen Systemen (hier Computer) an den
Menschen und nicht umgekehrt. Die Software- Ergonomie beschäftigt sich vor allem
mit dem Verhältnis von Software- Systemen mit ihren Benutzern. Diese Mensch-
Computer- Interaktion spielt bei der Analyse, Gestaltung und Bewertung interaktiver
Computersysteme eine wichtige Rolle. Hier ergeben sich viele Themenbereiche wie
z.B. Gestaltung von Arbeitabläufen, Fenstersysteme, Menühierarchien,
Kommandosprachen, Design von Benutzeroberflächen und die Funktionsaufteilung
zwischen Benutzer und Computer.

Einzelne Aspekte dieser Aufzählung werden in dieser Hausarbeit näher
durchleuchtet.

II. Zusammenfassung

Die vorliegende Arbeit widmet sich der Erarbeitung eines Gesamtüberblickes zur Gestaltung anwenderfreundlicher[1] Software. Es soll hierbei der software-ergonomische Aspekt[2] herausgegriffen werden - ein Bereich, der in der aktuellen Forschung[3] zum Einsatz von Informationstechnologie in Unternehmen zunehmende Bedeutung erlangt. Zentral für den Erfolg des Einsatzes von Informationssystemen werden mehr und mehr die humanzentrierten Aspekte ihrer Entwicklung und Nutzung. Zielgerichtete ergonomische Gestaltung ist einerseits unter Rationalisierungsaspekten erforderlich, andererseits zwingt auch die Gesetzeslage[4] (DIN- und ISO- Normen, Arbeitsschutzgesetz) zu entsprechenden Maßnahmen. Die bewusste software- ergonomische Gestaltung von Benutzungsschnittstellen[5] ist jedoch aufwendig und erfordert daher adäquate Unterstützung durch entsprechende Methoden[6] und Instrumente[7]. Systeme, die sich auf ihre Benutzer einstellen, können das in zweierlei Hinsicht tun: zum einen können sie sich an individuelle Unterschiede einzelner Benutzer anpassen und zum anderen an verschiedene Umweltsituationen, in denen sich Benutzer befinden. Wenn man berücksichtigt, dass Computer heute mehr und mehr Einzug in unser ganz alltägliches Leben halten, wird klar, dass damit eine Erhöhung des Einflusses der Umwelt einhergeht[8], der die Kommunikation zwischen System und Benutzer[9] mehr und mehr beeinträchtigen kann.(Distanz[10])

Benutzermodelle[11] sind ein wichtiger Schritt auf dem Weg der Vollautomation der Informationsverarbeitung. Indem sie dafür sorgen, dass sich Computer und Mensch gut verstehen, erhöhen sie die Akzeptanz von Anwendungssystemen. Um eine umfassende, konkrete Betrachtung im (durchaus beschränkten) Rahmen dieser Arbeit gewährleisten zu können, wird auf Themengebiete wie die Bewertung von Software und das Reengineering von Anwendungssystemen verzichtet.

---

[1] Vgl. Kapitel Definition Usability/ Benutzerfreundlichkeit
[2] Vgl. Kapitel Das Ziel der Softwareergonomie
[3] Vgl. Kapitel Neuere Entwicklungen in der Softwareergonomie
[4] Vgl. Kapitel Rechtliche Grundlagen der Software- Ergonomie
[5] Vgl. Kapitel Graphische Benutzeroberflächen (BOF)
[6] Vgl. Kapitel Das Dialogsystem und Kapitel Interaktion
[7] Vgl. Kapitel Benutzerbeteiligung bei der Softwareentwicklung
[8] Vgl. Kapitel Probleme der Software- Ergonomie
[9] Vgl. Kapitel Mensch- Maschine- Interaktion/Mensch/Mensch- Computer- Kommunikation
[10] Vgl. Kapitel Direktheit/ Distanz zwischen System und Benutzer
[11] Vgl. Kapitel Modelle der Mensch- Computer- Kommunikation

Benutzerführung durch komplexe Anwendungssysteme

1. Die Benutzerschnittstelle ist die Benutzerführung, die dem Benutzer am Bildschirm für den Dialog mit dem Computer zur Verfügung gestellt wird[1].

2. Die Mensch- Maschine -Interaktion (MMI) betrachtet die Schnittstelle zwischen Menschen und Maschinen. Das englische Äquivalent ist HCI (Human- Computer- Interaction).

3. Eine Software sollte für den Benutzer nützlich bzw. optimal nutzbar sein. Diese Grundeigenschaft sollte bereits im Entwicklungs- oder Analyseprozess berücksichtigt werden.

4. Die Nutzungs- oder Softwarequalität hängt von wichtigen Grundprinzipien der Software- Ergonomie ab.

5. „Der Software- Ergonomie geht es um eine Optimierung des Zusammenspiels aller Komponenten, welche die Arbeitssituation von Computerbenutzern bestimmen: Mensch, Aufgabe, Technik und organisatorischer Rahmen. Sie beschränkt sich ausdrücklich nicht - wie oft fälschlich angenommen - auf die Behandlung der Präsentationsaspekte interaktiver Software[2]."

6. Schnittstellengestaltung lässt sich durch die Nutzung biologischer, medizinischer und psychologischer Erkenntnisse und Methoden noch effektiver und menschengerechter (ergonomischer) gestalten[3].

---

[1] Vgl. Stahlknecht, Peter/Hasenkamp, Ulrich: Einführung in die Wirtschaftsinformatik, 9.Aufl., Berlin/Heidelberg/New York 1999, S. 91
[2] Vgl. Maaß, Susanne: Software-Ergonomie, Benutzer- und Aufgabengerechte Systemgestaltung, Informatik-Spektrum, 16, 1993, S. 191-205
[3] Vgl. Wandmacher, Jens: Softwareergonomie, Berlin/New York 1993, S. 1

1

VORWORT...I

ZUSAMMENFASSUNG...II

THESENPAPIER..III

1. ZIELSTELLUNG/ABGRENZUNG/(METHODIK)...4

2. MENSCH- MASCHINE- INTERAKTION/MENSCH- COMPUTER- KOMMUNIKATION 4

2.1. BEGRIFFSBESTIMMUNGEN UND ABGRENZUNGEN..5

  2.1.1. Definition MMI/HCI..5

  2.1.2. Definition Arbeitswissenschaft...5

  2.1.3. Definition Ergonomie (ergonomics)..5

  2.1.4. Definition Softwareergonomie...5

  2.1.5. Definition Usability/ Benutzerfreundlichkeit...6

2.2. DAS ZIEL DER SOFTWAREERGONOMIE...6

  2.2.1. Das Ziel ergonomischer Arbeit..6

  2.2.2. Kriterien ergonomischer Verbesserung..6

  2.2.3. Probleme bei der ergonomischen Verbesserung...................................6

2.3. RECHTLICHE GRUNDLAGEN DER SOFTWARE- ERGONOMIE 7

2.4. BEREICHE UM MMI UND SOFTWARE- ERGONOMIE 7

2.5. PROBLEME DER SOFTWARE- ERGONOMIE..7

  2.5.1. Menschliche Informationsverarbeitung und Handlungssteuerung.......7

  2.5.2. Aufmerksamkeit und kontrollierte Verarbeitungskapazität...................7

  2.5.3. Relative Stärken und Schwächen beim Menschen und Computer..........8

2.6. NEUERE ENTWICKLUNGEN IN DER SOFTWAREERGONOMIE 8

3. MODELLE DER MENSCH- COMPUTER- KOMMUNIKATION 8

3.1. IFIP- MODELL 8

3.2. SEEHEIM- MODELL..9

3.3. RASMUSSEN 9

3.4. MODELL AUS DER ARBEITSPSYCHOLOGIE 9

4. GRAPHISCHE BENUTZEROBERFLÄCHEN (BOF)......................................9

4.1. GRUNDLEGENDES...9

4.2. METAPHERN UND REALITÄTSNAHE BILDER...10

4.3. VISUELLE FORMALISMEN (VISUAL FORMALISMS) 11

4.4. NATURAL MAPPING 12

5. INTERAKTION...12

5.1. INTERAKTIONSMODELLE...13

5.2. INTERAKTIONSFORMEN 13

    5.2.1. Deskriptive Interaktionsformen *13*

    5.2.2. Deiktische Interaktionsformen *13*

    5.2.3. Hybride Interaktionsformen *14*

    5.2.4. Dialoggestaltung *14*

    5.2.5. Direkte Manipulation *14*

        5.2.5.1. Eigenschaften 14

        5.2.5.2. Direktheit/ Distanz zwischen System und Benutzer 14

        5.2.5.3. Einbezogenheit 14

        5.2.5.4. Einschränkungen 15

        5.2.5.5. Anwendungen 15

5.3. INTERAKTIONSSTYLES 15

5.4. INTERAKTIONSGUIDES UND GUIDE LINES 15

6. DAS DIALOGSYSTEM 16

6.1. DIALOG 16

6.2. DIALOGNOTATIONEN 16

    6.2.1. Diagramme *16*

    6.2.2. Textuelle Dialognotationen *17*

    6.2.3. Verknüpfung von Dialog und Semantik *17*

    6.2.4. Systemmodelle *17*

6.3. DAS DIALOGSYSTEM UND SEINE SCHNITTSTELLEN 17

6.4. DAS DIALOGSYSTEM UND SEINE GÜTEKRITERIEN 18

6.5. GÜTEKRITERIEN NACH SHNEIDERMAN 18

6.6. GÜTEKRITERIEN NACH DIN UND ISO 18

    6.6.1. Aufgabenangemessenheit *19*

    6.6.2. Selbstbeschreibungsfähigkeit *19*

    6.6.3. Steuerbarkeit *19*

    6.6.4. Erwartungskonformität *19*

    6.6.5. Fehlerrobustheit *19*

    6.6.6. Individualisierbarkeit *20*

    6.6.7. Erlernbarkeit/Lernförderlichkeit *20*

6.7. ABHÄNGIGKEIT VOM BENUTZER 20

6.8. ENTWICKLUNGSMODELLE VON DIALOGSYSTEMEN (USER INTERFACES) 20

    6.8.1. Das Schalenmodell *20*

    6.8.2. Das Prozessmodell des Usability Engineerings *20*

6.9. EINORDNEN DER BEDIENER IN BENUTZERKLASSEN 20

7. BENUTZERBETEILIGUNG BEI DER SOFTWAREENTWICKLUNG 21

7.1. DESIGNPROZESS 21

    7.1.1. Softwarelebenszyklus *21*

7.1.2. Iteratives Design und Prototyping *22*

7.1.2.1. Ansätze für Prototyping 22

7.1.2.2. Techniken des Prototyping 22

7.1.3. Benutzermodelle im Design *22*

7.1.3.1. Hierarchische Modelle 22

7.1.3.2. Linguistische Modelle 23

7.1.3.3. Physikalische Modelle und Gerätemodelle 23

7.2. IMPLEMENTATIONS- SUPPORT 23

7.2.1. Toolkits *23*

7.2.2. User Interface Management Systems (UIMS) *23*

7.3. HILFE UND DOKUMENTATION 23

7.3.1. Arten der Benutzerunterstützung *23*

7.3.2. Intelligente Hilfesysteme *24*

7.3.3. Design von User- Support- Systemen *24*

**8. KONFIGURATION UND PRÄSENTATION KOMPLEXER ANWENDUNGEN AM
BEISPIEL VON SAP** **24**

9. SCHLUSSFOLGERUNGEN UND AUSBLICK **25**

ABKÜRZUNGSVERZEICHNIS **25**

LITERATURVERZEICHNIS **26**

ANHANG. **35**

1. Zielstellung/Abgrenzung/(Methodik)

Eine Software sollte für den Benutzer nützlich bzw. optimal nutzbar sein. Diese Grundeigenschaft sollte bereits im Entwicklungs- oder Analyseprozess berücksichtigt werden. Die Nutzungs- oder Softwarequalität hängt von wichtigen Grundprinzipien der Software- Ergonomie ab. (siehe Anhang, Abb. 1)Bei methodischer Betrachtung des Themengebietes Software- Ergonomie steht man schnell vor einer großen Anzahl an ungeordneten Fakten, die sich auch oft auf unterschiedliche Anwendungsbereiche beziehen[1]. Daher ist es notwendig, eine genaue Begriffsabgrenzung vorzunehmen, was die Ziele, Probleme und Anwendungsbereiche betreffen. Es ist wichtig, die Interaktion zwischen Benutzer und Computer zu verstehen, um optimal an den Benutzer angepasste Computersysteme zu entwickeln. Wichtige Kriterien hierbei sind die Dialogsteuerung, die graphische Anpassung von Benutzeroberflächen und die umfassende Analyse der Benutzerfreundlichkeit einer Software. Viele Kritiker bemängeln, dass inzwischen die Beachtung der Software- Ergonomie bedeutend zurückgegangen ist. Nicht zuletzt durch den von Microsoft[2] entwickelten Styleguide[3], der angeblich alle Probleme löst. Der Benutzer ist an Windows-Oberflächen gewöhnt und fragt kaum Alternativen nach[4]. Daher wurde von mir das R/3- System als abschließendes Beispiel zur Präsentation komplexer Anwendungen gewählt.

2. Mensch- Maschine- Interaktion/Mensch- Computer- Kommunikation

MMI ist die Abkürzung für Mensch- Maschine- Interaktion. Das englische Äquivalent ist HCI (Human- Computer- Interaction). Sie betrachtet die Schnittstelle zwischen Menschen und Maschinen. Der Trend zur Übernahme von immer mehr menschlichen Funktionen durch technische Systeme ist ungebrochen. Zugleich nehmen aber die menschlichen Tätigkeiten in speziellen Arbeitssystemen zu. Diese Mensch- Maschine- Systeme (MMS) arbeiten nach dem Rückkopplungsprinzip. Der Mensch fällt entsprechend seines Arbeitsauftrages und der wahrgenommenen Rückmeldungen über technische Komponenten Entscheidungen zur Steuerung des

---

[1] Vgl. Herczeg, Michael: Softwareergonomie, Bonn 1994, S.9 ff.
[2] Vgl. Kersten, Norbert: Microsoft krempelt Softwareentwicklung um in: Chefbüro, 06/2001, S. 22-23
[3] Vgl. http://home.nordwest.net/hgm/ergo/kap-stlg.htm vom 05.03.02
[4] Vgl. Paul, Hansjürgen: Unbenutzbarkeit verwerfen, Thesenpapier zur AG3 „Nutzungsqualität

Systems[1]. (siehe Anhang, Abb. 2) Diese Kommunikation oder Schnittstellengestaltung lässt sich durch die Nutzung biologischer, medizinischer und psychologischer Erkenntnisse und Methoden noch effektiver und menschengerechter (ergonomischer) gestalten[2].

2.1. Begriffsbestimmungen und Abgrenzungen

Der Begriff "Ergonomie" hat viele Synonyme und verwandte Begriffe. Daher ist es notwendig, genaue Angrenzungen vorzunehmen.

2.1.1. Definition MMI/HCI

„Human- computer interaction is a discipline concerned with the design, evaluation and implementation of interactive computing systems for human use and with the study of major phenomena surrounding them[3]. "

2.1.2. Definition Arbeitswissenschaft

„Inhalt der Arbeitswissenschaft ist die Analyse und Gestaltung von Arbeitssystemen und Arbeitsmitteln, wobei der arbeitende Mensch in seinen individuellen und sozialen Beziehungen zu den übrigen Elementen des Arbeitssystems Ausgang und Ziel der Betrachtungen ist[4]."

2.1.3. Definition Ergonomie (ergonomics)

„Der zentrale Gegenstand der Ergonomie (im Sinne des deutschen Sprachgebrauchs; internat.: „micro ergonomics") ist, durch Analyse der Aufgabenstellung, der Arbeitsumwelt und durch Analyse der Mensch- Maschine- Interaktion sowohl zur Verbesserung der Leistungsfähigkeit des gesamten Arbeitssystems als auch zur Minderung der auf den arbeitenden Menschen einwirkenden Belastungen beizutragen[5]".

2.1.4. Definition Softwareergonomie

„Der Software-Ergonomie geht es um eine Optimierung des Zusammenspiels aller Komponenten, welche die Arbeitssituation von Computerbenutzern bestimmen:

---

entwerfen" der MMK 2000
[1] Vgl. Rothe, Heinz- Jürgen/Kolrep, Harald: Psychologische Erkenntnisse und Methoden als Grundlage für die Gestaltung von Mensch- Maschine- Systemen, 96 - 3
[2] Vgl. Wandmacher, Jens: Softwareergonomie, Berlin/New York 1993, S. 1
[3] Vgl. Curricula for Human- Computer- Interaction, ACM Special Interest Group on Computer- Human- Interaction Curriculum Development Group, 1992 auf http://www.acm.org/sigchi/cdg/
[4] Vgl. Denkschrift "Arbeitswissenschaft in der Gesetzgebung". Gesellschaft für Arbeitswissenschaft / Rationalisierungskuratorium der Deutschen Wirtschaft (RKW) e.V. (Hrsg.), 3. erw. Auflage, 1978
[5] Vgl. Schmidtke, Heinz (Hrsg.): Ergonomie, München/ Wien 1993, S.110

Mensch, Aufgabe, Technik und organisatorischer Rahmen. Sie beschränkt sich ausdrücklich nicht - wie oft fälschlich angenommen - auf die Behandlung der Präsentationsaspekte interaktiver Software[1]."

2.1.5. Definition Usability/ Benutzerfreundlichkeit

„Mit Usability (Benutzerfreundlichkeit) wird im Allgemeinen die Handhabung, die Benutzung von Produkten beschrieben. Dabei wird unterschieden zwischen Hersteller und Endbenutzer[2]."

2.2. Das Ziel der Softwareergonomie

Die Anwendbarkeit des Programmes und die Produktivität des Benutzers hängen davon ab, ob die Benutzerschnittstelle seiner Softwarewerkzeuge und die dazugehörige Dokumentation an seine Bedürfnisse angepasst sind. Die ergonomische Güte einer Software ist daher ein entscheidender Faktor bei der Einführung neuer Anwendungen. Somit sollen dem Benutzer in seiner Arbeitsumgebung Programme zur Verfügung gestellt werden, die der Ungeübte schnell erlernen und der Routinierte produktiv und fehlerfrei anwenden kann[3].

2.2.1. Das Ziel ergonomischer Arbeit

Das in der Entwicklung befindliche System soll an die Erfordernisse des Benutzers, seine Arbeitsaufgabe und alle Rahmenbedingungen seiner Arbeit angepasst werden.

2.2.2. Kriterien ergonomischer Verbesserung

Eine Liste möglicher Kriterien ist im Anhang dargestellt. (siehe Anhang, Abb. 3)

2.2.3. Probleme bei der ergonomischen Verbesserung

Oftmals gibt es viele verschiedene technische Unterstützungsmöglichkeiten für den Benutzer und seine Arbeitsaufgabe. Ebenso gibt es verschiedene Benutzer und Arbeitsaufgaben, die von einem System unterstützt werden können. Daher ist es notwendig, die Mensch- Maschine- Interaktion im Vorfeld abzugleichen. Auch die Aufgabenbearbeitung aus Benutzer- und Systemsicht sollte Beachtung finden. (siehe

---

[1] Vgl. Maaß, Susanne: Software- Ergonomie, Informatik- Spektrum, 16, 1993, S. 191-205
[2] Vgl. Wagner, Claus auf http://www.art-of-web-usability.de vom 19.02.2002
[3] Vgl. Ansorge, Peter/Frick,Guido/Friedrich, Jürgen/Haupt, Uwe, Institut für Software- Ergonomie und Informationsmanagement (ISI), Technologie- Zentrum Informatik (TZI), Universität Bremen: „Ergonomie geprüft" – Das Ende der Benutzungsprobleme?, S. 1ff.

Anhang, Abb. 4) Krause kritisiert hier vor allem die Entwickler mit ihrem Kenntnisstand über softwareergonomische Grundlagen[1]. (siehe Anhang, Abb. 4a)

2.3. Rechtliche Grundlagen der Software- Ergonomie

Im Anhang sind die wichtigsten rechtlichen Grundlagen zusammengestellt. (siehe Anhang, Abb. 5)

2.4. Bereiche um MMI und Software- Ergonomie

Aus vielen verschiedenen Bereichen fliessen Erkenntnisse ein. (siehe Anhang, Abb. 6)

2.5. Probleme der Software- Ergonomie

In der Software- Ergonomie geht es um die Optimierung des Zusammenwirkens von Mensch und Computer. Da der Mensch nicht geändert werden kann, muss der Computer (die Software) an den Menschen angepasst werden. Daher ist es notwendig zunächst den Menschen näher zu betrachten.

2.5.1. Menschliche Informationsverarbeitung und Handlungssteuerung

Es gibt vier funktionale Einheiten der menschlichen Informationsverarbeitung und Handlungssteuerung. (siehe Anhang, Abb. 7a) Im Handlungsmodell der Mensch- Computer- Interaktion wird der Handlungsspielraum deutlich. (siehe Anhang, Abb. 7b)

2.5.2. Aufmerksamkeit und kontrollierte Verarbeitungskapazität

Verschiedene Prozesse der Informationsverarbeitung und Handlungssteuerung erfordern Aufmerksamkeit im Sinne der Informationsselektion und Zuwendung von Kapazität für die kontrollierte oder bewusste Verarbeitung, die kontrollierte Verarbeitungskapazität genannt wird. Diese ist begrenzt, da nicht für alle Prozesse die gleiche Kapazität eingesetzt werden kann[2]. (siehe Anhang, Abb. 8 und Abb. 9) Die für die Steuerung der Handlung erforderliche kontrollierte Verarbeitungskapazität wird durch kognitive und sensomotorische Fertigkeiten verringert. Fertigkeiten sind Grundlagen des geübten Handelns. Kognitive Fertigkeiten bilden eine wesentliche Voraussetzung für eine effektive und qualitativ anspruchsvolle Nutzung eines Computersystems[3].

---

[1] Vgl. Krause, Jürgen: Das WOB – Modell, Zur Gestaltung objektorientierter, grafischer Benutzungsoberflächen, Januar 1996
[2] Vgl. Wandmacher, Jens: Softwareergonomie, a.a.O., S. 22
[3] Vgl. Strohner, Hans: Kognitive Systeme, Opladen 1995, S. 108, 151

2.5.3. Relative Stärken und Schwächen beim Menschen und Computer

Beim Vergleich von Mensch und Computer, stellt man fest, dass es für den Menschen als auch für den Computer spezifische Stärken und Schwächen gibt. (siehe Anhang, Abb. 10 und Abb. 11)

2.6. Neuere Entwicklungen in der Softwareergonomie

Es gibt eine Entwicklung hin zu immer komplexeren Systemen[1]. Seit Mitte der 50er Jahre wurden Video display units hergestellt, mit denen die Ausgaben am Bildschirm abgelesen werden konnten. In den 60er Jahren wurden die ersten Multi- User- Systeme und Programmier- Toolkits entwickelt. Seit den 70er Jahren wurden Personal Computer hergestellt. Der Computer wurde immer mehr verbreitet. In den 80er Jahren entwickelte man die ersten Fenster- Systeme. Der erste wirkliche kommerzielle Erfolg eines solchen WIMP- Systems war Apples Macintosh im Jahre 1984[2]. Meist bauen diese Systeme auf Metaphern (Schreibtischmetapher) auf und bieten dem Benutzer direkte Manipulation der Objekte. Weitere Entwicklungen brachten Sprachsysteme[3], Hypertextsysteme, Virtuelle Welten[4] und Computer- supported cooperative work (CSCW)[5] – wie beispielsweise E- Mail – hervor[6].

3. Modelle der Mensch- Computer- Kommunikation

Zur Mensch- Computer- Kommunikation existieren eine Vielzahl von abstrakten Modellen. Oftmals unterscheiden sie sich nur in der Begriffswahl oder in der unterschiedlichen Zielsetzung bei der Entstehung.

3.1. IFIP- Modell

Dieses Modell war in der Vergangenheit die Grundlage der Standardisierung von Benutzerschnittstellen[7]. Es sollten Gestaltungsgrundsätze für Benutzer definiert und gruppiert werden. Diese Kriterien werden für eine differenzierte und objektivierte Modellierung und Bewertung von Benutzerschnittstellen dringend benötigt[8].

---

[1] Vgl. http://www.weller.to/his/h05-erste-computer.htm vom 05.03.02
[2] Vgl. http://www.macdom.com/applehistory/bigbrother.asp vom 05.03.02
[3] Vgl. Schoblick, Robert: Vom Call- zum Kontaktcenter in: Funkschau 22/01, S. 46
[4] Vgl. Kloss, Kerstin: Virtuelle Einkaufsberatung in: Informationweek, 28/01, S. 18-19
[5] Vgl. Back, Andrea/Seufert, Andreas: Computer Supported Cooperative Work (CSCW) - State of the Art und zukünftige Herausforderungen, HMD- Praxis der Wirtschaftsinformatik, Heft 213, Juni 2000 auf http://hmd.dpunkt.de/213/01.html vom 05.03.02
[6] Vgl. http://www.inf.tu-dresden.de/ST2/pw/lv_bdt/hyperbase/buch/motivation/motivation.htm vom 05.03.02
[7] Vgl. Englisch, Joachim: Ergonomie von Softwareprodukten, Mannheim 1993, S. 25ff.
[8] Vgl. http://www.informatik.uni-leipzig.de/ifi/lehre/Heyer9900/kap22/sld008.htm vom 18.02.02

(siehe Anhang, Abb. 12 und Abb. 13) Das IFIP- Modell stellt eine Variante eines Petri- Netzes dar. (siehe Anhang, Abb. 14) Petri- Netze dienen zur Modellierung definierter Prozesse[1].

3.2. Seeheim- Modell

Das Seeheim- Modell wurde mit ähnlicher Struktur definiert. Hier stand die Realisierung von Benutzerschnittstellen im Vordergrund. Dieses Modell ist bis heute Grundlage vieler Implementierungsmodelle[2]. (siehe Anhang, Abb. 15 und Abb. 16)

3.3. Rasmussen

Hier handelt es sich um ein Kommunikationsmodell für die Überwachungs- und Steuerungsaufgaben (Supervisory Control)[3]. Rasmussen stellt die Verarbeitungsschritte in seiner Entscheidungsleiter als alternierende Sequenz von Wissenszuständen dar[4]. (siehe Anhang, Abb. 17a und Abb. 17b)

3.4. Modell aus der Arbeitspsychologie

Dieses Modell basiert auf dem Tätigkeitsmodell von Leontjew. (siehe Anhang, Abb. 18) Es gliedert die Durchführung der Arbeitsaufgaben über Handlungen zu elementaren Operationen[5].

4. Graphische Benutzeroberflächen (BOF)

Systementwickler müssen Gestaltungssätze beachten. (siehe Anhang, Abb. 19)

4.1. Grundlegendes

Generell versuchen die Ansätze mit verschiedenen Mitteln die visuelle Komponente zu verstärken. Eine entscheidende Frage ist, ob die Zukunft mehr in Richtung Abstraktion oder stärker in Richtung realitätsnaher Darstellung gehen soll[6]. Die Metapher; die generelle Leistungsfähigkeit sogenannter control- basierter Oberflächen (= die heutigen graphischen Benutzeroberflächen) und die Integration mehrerer Modalitäten in eine Oberfläche unter dem Stichwort Multimedialität oder – modalität kommen immer mehr in die Diskussion. (siehe Anhang, Abb. 19a)

---

[1] Vgl. Hawryszkiewycz, Igor T.: Systemanalyse und –design, München 1995, S. 268 f.
[2] Vgl. Herczeg, Michael: Softwareergonomie, a.a.O., S. 10
[3] Vgl. Herczeg, Michael: Softwareergonomie, a.a.O., S. 10
[4] Vgl. Kolrep, Harald: Klassifikation von Unterstützungssystemen aus kognitiv- psychologischer Sicht, Untersuchungen mit Experten und Anfängern in der Flugsicherung, 96- 3, S. 28
[5] Vgl. Atzenbeck, Claus: Grundlagen Software- Ergonomie, Regensburg 1999, S. 5
[6] Vgl. Krause, Jürgen: Visualisierung und graphische Benutzungsoberflächen, IZ- Arbeitsbericht Nr.3, Mai 1996, S. 6

Aus der Ablehnung von Metaphern[1] als Gestaltungsmittel und dem Wunsch, die als Einschränkung empfundenen control- basierten Oberflächen weiterzuentwickeln, hat sich in der letzten Zeit eine fundamentale Gegenposition entwickelt. Die Metaphern sollen durch sogenannte „visual formalisms" wie Tabellen, spread sheets oder graphische Baumstrukturen ersetzt werden[2]. (siehe Anhang, Abb. 19b) Die am stärksten diskutierte Abweichung von der gewohnten Variante graphischer Oberflächen sind multimediale[3] Systeme, wobei der Term erst für die Integration von realitätsnahen Bildern (noch nicht für „realistische" Ikonen), von Animation oder gesprochener Sprache verwendet wird[4]. Multimodalität im eigentlichen Sinn kennzeichnet jedoch bereits den Kern der heutigen graphischen Oberflächen, die Striche, Rahmen und andere graphische Gestaltungsmittel mit natürlich sprachlichen Begriffen (z. B. alle Menüeinträge) und mehr oder weniger realistischen Bildern im Kleinformat verbindet[5].

4.2. Metaphern und realitätsnahe Bilder

Bei einer Metapher baut der Benutzer auf bereits vorhandenes, oft computerunabhängiges Wissen auf. Er knüpft daran an und überträgt somit Eigenschaften auf neue Bereiche. Metaphern erleichtern das Lernen und komplexe Konzepte werden so schneller verstanden. Im Anhang sind Arten aufgezeigt. (siehe Anhang, Abb. 20a und Abb. 20b) Diese Piktogramme (Icons) können dann mit einem Zeigeinstrument ausgewählt, bewegt, gruppiert oder mit einem Editor bearbeitet werden. Die Auswirkungen auf diese Objekte sind sofort sichtbar und damit kontrollierbar[6]. Man spricht hier auch von direkter Manipulation. (siehe Kapitel Direkte Manipulation)

Bei den Versuchen, die Visualisierung von BOF durch eine erhöhte Bildhaftigkeit der Metapher zu erweitern, lassen sich zwei Strategien unterscheiden:

a) Die Ikonen selbst bzw. die Darstellungen auf Tasten werden immer mehr realitätsnah verbildlicht, Abstraktionsprozesse so weit wie immer möglich

---

[1] Vgl. Strohner, Hans: Kognitive Systeme, a.a.O., S. 41 ff.
[2] Vgl. Nardi, B. A./Zarmer, C.L. (1993): Beyond Models and Metaphers: Visual Formalisms in User Interface Design. In: Journal of Visual Languages and Computing 4, S. 5 - 33
[3] Vgl. Shneiderman, Ben: Designing the User Interface, 2. Aufl., USA 1993, S. 418 ff.
[4] Vgl. Pastor, S.: Der dreidimensionale PC- Neue Möglichkeiten der Mensch- Computer- Interaktion in: Art Computer Faszination, Frankfurt/M. 2001, S. 56
[5] Vgl. Rauterberg, Matthias/Spinas, Philipp/Strohm, Oliver/Ulich, Eberhard/Weber, Daniel: Benutzerorientierte Software- Entwicklung, Stuttgart 1994, S. 19 f.
[6] Vgl. Shneiderman, Ben: Designing the User Interface, a.a.O., S. 181 ff.

zurückgenommen. Um dies besser realisieren zu können, wird zudem versucht, die Ikonen- bzw. Tastengröße zu erhöhen. (siehe Anhang, Abb. 21)

b) Die gesamte Oberfläche wird zu einem fotographisch genauen Bild, in die controls, eventuell mit nachfolgenden Dialogboxen, eingebunden werden.

Zwischenformen entstehen, wenn der Hintergrund (als nichtmanipulatives Bild) eine stärkere Realitätsnähe herstellen soll oder wenn stark vergrößerte und verbildlichte controls sich zu einem möglichst geschlossenen Bildeindruck zusammenfügen. (siehe Anhang, Abb. 22)

4.3. Visuelle Formalismen (visual formalisms)

„Visuell", weil vom Benutzer generiert und „formal", weil vom Computer manipuliert[1]. Hier wird ein wesentliches Element der Visualisierung thematisiert, dem eine hohe Bedeutung für die Weiterentwicklung graphisch- direkt-manipulativer Oberflächen zukommt. (siehe Anhang, Abb. 23a, Abb. 23 und Abb. 24)

Zwei der bekanntesten Formalismen haben ihre Wurzeln beim Schweizer Mathematiker Leonard Euler: der Formalismus von Graphen und der Begriff der Eulerschen Kreise, welche später zum Venn Diagramm wurden[2]. (siehe Anhang, Abb. 25) Grundsätzlich gilt es, festzustellen, dass Tabellen, spread sheets[3] (Tabellenkalkulatoren) oder auch hierarchische Bäume eine prinzipiell andere Visualisierungsform sind als z. B. der graphische Desktop von Abb. 22.

Gemeinsam ist beiden, dass Benutzer damit gut umgehen können und dass keine (oder nur eine geringe) Lernleistung notwendig ist. Visual formalisms sind nicht nur „Wissen" wie jede erlernte formale Abfragesprache. Sie sind auch nicht analogisiertes Wissen wie die Metaphern, sondern „direktes" Wissen[4].

Entscheidend ist hier, dass die Softwarebenutzer - ohne Zugehörigkeit zu einer speziellen Gruppe - über die Fähigkeit verfügen, sich z. B. effizient in Bäumen zu orientieren oder tabellarische Zusammenhänge zu erkennen[5].

---

[1] Vgl. Stempfhuber, Maximilian/Hermes, Bernd: The Murbandy WWW User Interface, Informationszentrum für Sozialwissenschaften Bonn 2001, S. 9 - 10

[2] Vgl. Harel, David: On visual formalisms in: Communications of the ACM, May 1988, Volume 31, Number 5, S. 514- 530

[3] Vgl. Herczeg, Michael: Softwareergonomie, a.a.O., S. 124

[4] Vgl. http://www.hpl.hp.com/techreports/90/HPL-90-149.html vom 19.02.02

[5] Vgl. Krause, Jürgen: Visualisierung und graphische Benutzungsoberflächen, IZ- Arbeitsbericht Nr.3, a.a.O., S. 18 ff.

4.4. Natural Mapping

Auf der Suche nach Gesetzmäßigkeiten, die eine stärkere Visualisierung der heutigen graphischen BOF unterstützen, spielt ein weiterer Begriff eine Rolle, den Norman 1989 - allerdings noch sehr intuitiv und wenig präzise - ins Spiel bringt, das „natural mapping". Was er damit meint, zeigt er an Gegenständen des täglichen Gebrauchs. (siehe Anhang, Abb. 26) Ohne die Grundgedanken der visual formalisms aufzugreifen, scheinen einige der bei Norman 1989 unter „natural mapping" diskutierten Regularitäten obige Überlegungen einer Visualisierung als Verbindung von Abstraktion, visual formalisms, Metaphorik, photographische Abbildung und kognitiven Gesetzmäßigkeiten in einem wichtigen Punkt zu ergänzen. Insofern „mapping" bei Norman 1989 und 1991 ganz generell die Beziehung zwischen der realen Welt, der Oberflächenpräsentation und der Applikation meint, ist es nur ein anderer Begriff für die Diskussion der Abschnitte 4.2 und 4.3.

Dabei spielen Metaphern bei Norman nur eine indirekte Rolle. (siehe Anhang, Abb. 27) Deutlicher treten als „mapping"-Techniken die auch für die visual formalisms wichtigen kognitiven Grundtechniken auf wie die Nutzung der räumlichen Wahrnehmungsfähigkeit und „natürliche" Gruppierungen nach den Gestaltgesetzen. (siehe Anhang, Abb. 28)

5. Interaktion

Der Begriff der Mensch- Maschine- Interaktion wurde bereits erläutert. Unter Interaktion wird die wechselseitige Beeinflussung des Handelns mindestens zweier Personen[1] oder die elementare Einheit eines sozialen Geschehens, in denen Menschen ihr Verhalten aneinander orientieren[2] verstanden. Der Einzelne orientiert sich bei jeder Interaktion am tatsächlichen Verhalten, aber auch an den von ihm nur vermuteten Erwartungen des anderen. Voraussetzung hierfür ist ein Mindestmaß an gemeinsamen Symbolen (z. B. sprachlicher Art, aber auch Handzeichen u. ä.) bei beiden Teilen, die eine Verständigung ermöglichen. (siehe Anhang, Abb. 29)

---

[1] Vgl. Sarges, W./Fricke, R.: Psychologie für die Erwachsenenbildung/Weiterbildung, Göttingen 1986, S. 488
[2] Vgl. Endruweit, G./Trommersdorf, G. (Hrsg.): Wörterbuch der Soziologie, Stuttgart 1989, S. 310

13

Schmutz verweist in diesem Zusammenhang auf das Begriffsverständnis zwischen Interaktion und Interaktivität hin[1]. (siehe Anhang, Abb. 30)

5.1. Interaktionsmodelle

Interaktionsmodelle helfen, das komplexe Verhalten einer Interaktion zwischen dem Benutzer und dem Computer zu verstehen, indem man es in einzelne Aktionen zerlegt. Durch diese Zerlegung ist es leichter, eventuell vorhandene Probleme bei der Interaktion aufzudecken. Im Ausführungs- Bewertungs- Zyklus (Abb. 26) hat Norman der Bedienung technischer Geräte eine Theorie über die Phasen bei der Durchführung von Bedienhandlungen aufgestellt. (siehe Anhang, Abb. 31) Ein weiterer Ansatz ist das Interaction framework von Abowd/Beale[2]. Hier läuft die Interaktion in fünf Stationen ab. (siehe Anhang, Abb. 32)

5.2. Interaktionsformen

Ein- und Ausgabevorgänge im Dialog zwischen Benutzer und Computer sind nicht unabhängig voneinander. Bestimmte Eingaben des Benutzers (Eingabesyntax) bewirken abhängig vom Systemzustand bestimmte Ausgaben. Diese wiederkehrenden Dialogmuster werden durch Interaktionsformen beschrieben[3]. Diese Interaktionsformen werden im Folgenden grob klassifiziert.

5.2.1. Deskriptive Interaktionsformen

Hier muss der Benutzer seine Eingabe in irgendeiner Form sprachlich beschreiben. Wichtige Formen sind hier Symbole, formale Sprachen und natürliche Sprachen. (siehe Anhang, Abb. 33)

5.2.2. Deiktische Interaktionsformen

Deiktische Interaktionsformen sind selektionsorientiert. Dem Benutzer wird die Möglichkeit geboten, aus einem Angebot (oft Menü), auszuwählen. (siehe Anhang, Abb. 34a) Die am häufigsten angewandte Form ist das Menü[4]. (siehe Anhang, Abb. 34, 35, 36) Weiterhin gehören in diese Kategorie beschriftete Funktionstasten, metaphorische Dialoge und Netze. (siehe Anhang, Abb. 37, 38, 39)

---

[1] Vgl. Schmutz, Thomas: Interaktivität oder Interaktion. Der Verlust von Begrifflichkeit auf: http://www.sagw.ch/members2/vkks/publications/others/Schmutz.htm am 25.02.02
[2] Vgl. Atzenbeck, Claus: Grundlagen Software- Ergonomie, a.a.O., S. 14
[3] Vgl. Herczeg, Michael: Software- Ergonomie, a.a.O., S. 85 f.
[4] Vgl. Duffy, Tim: Four Software Tools. Application and Concepts, USA 1989, S. 58 ff.

5.2.3. Hybride Interaktionsformen

Dies sind die Mischformen zwischen deskriptiven und deiktischen Interaktionsformen. Sie basieren meist auf Formularen. Im Anhang befindet sich eine Auswahl. (siehe Anhang, Abb. 40, 41, 42)

5.2.4. Dialoggestaltung

Einen Dialog stellen die bereits vorgestellten Interaktionsformen dar. Wichtig ist hierbei die Funktion des Dialoges, d.h. welche Aufgabe hat der Dialog zwischen Benutzer und System hauptsächlich zu erfüllen[1]. (siehe Anhang, Abb. 43) Nähere Informationen zum Dialog enthält das Kapitel Das Dialogsystem.

5.2.5. Direkte Manipulation

Dieser Begriff wurde von Shneiderman geprägt. Er beschreibt die Kommunikationsform von Systemen, deren Bedienung aus Sicht des Benutzers besonders einfach erscheint[2].

5.2.5.1. Eigenschaften

Es handelt sich hierbei um Text- und Grafikeditoren, Tabellenkalkulatoren, Computerspiele und die schon vorgestellten Desktop- Systeme[3]. Im Anhang sind die Merkmale, Vor- und Nachteile erläutert. (siehe Anhang, Abb. 44)

5.2.5.2. Direktheit/ Distanz zwischen System und Benutzer

Die Mensch- Computer- Kommunikation lässt sich auf mehrere Ebenen zergliedern. (siehe Anhang, Abb. 45 und Abb. 46) Die jeweils den gleichen Ebenen zugeordneten Repräsentationen beim Benutzer und beim System müssen sich nicht entsprechen[4]. Bestehende Unterschiede führen beim Benutzer zu zusätzlichem Transformationsaufwand, der als Distanz wahrgenommen wird[1]. Somit können Interaktionen indirekt werden. Die Distanz spielt sich auf unterschiedlichen Ebenen ab. (siehe Anhang, Abb. 47)

5.2.5.3. Einbezogenheit

Zur Benutzerschnittstellenmodellierung nennt Herczeg zwei grundlegende Modelle: das Konversations- und das Weltmodell. (siehe Anhang, Abb. 48 und Abb. 49) Folgt man diesem Konzept von Direktheit und Einbezogenheit, lassen sich Grundtypen

---

[1] Vgl. Bauer, Günther: Software- Management, Heidelberg/Berlin/Oxford 1995, S. 129 ff.
[2] Vgl. Shneiderman, Ben: Designing the User Interface, a.a.O., S. 182 ff.
[3] Vgl. Herczeg, Michael: Software- Ergonomie, a.a.O., S. 115
[4] Vgl. Herczeg, Michael: Software- Ergonomie, a.a.O., S. 116

von Kommunikation finden und reale Systeme lassen sich einordnen. (siehe Anhang, Abb. 50)

5.2.5.4. Einschränkungen

Wie bereits bei den deiktischen Interaktionsformen beschrieben, sind diese direkt manipulierbaren Systeme oft mit einem hohen Interaktionsaufwand verbunden. Besonders bei Arbeitsplätzen mit Routineaufgaben lässt sich der Transformationsaufwand kaum beschränken. Es gilt bei diesen Systemen eine große Anzahl von Objekten zu bearbeiten. Somit ist bei der Entwicklung neuer Systeme eine sorgfältige Aufgabenanalyse durchzuführen[2]. Eine effiziente Kommunikation lässt sich durch die Kombination unterschiedlicher Interaktionstechniken herstellen[3].

5.2.5.5. Anwendungen

Im Anhang werden Klassen von Anwendungssystemen beschrieben, die als mehr oder weniger direkt manipulierbare Systeme eingestuft. (siehe Anhang, Abb. 51 und Abb. 52) Die Designer und Entwickler sind durch die Attraktivität dieser Systeme immer mehr auf solche Techniken fixiert.

5.3. Interaktionsstyles

Hier handelt es sich um die bereits beschriebenen Interaktionsformen. In Bezug auf die Entwicklung und das Design von Softwaresystemen befindet sich im Anhang eine Zusammenfassung möglicher Einzelformen. (siehe Anhang, Abb. 53)

5.4. Interaktionsguides und Guide Lines

Diese Guided Tours[4] sind eine wirkungsvolle Möglichkeit, Benutzern von Systemen einen Überblick über den Informationsraum zu vermitteln. Hier werden dem Benutzer grundlegende Bedienprinzipien vermittelt. Eine solche Tour kann durch Animationstechniken ähnlich wie ein Film ablaufen. Der Benutzer kann einbezogen werden, indem man ihn auffordert, einfache Entscheidungen zu treffen und diese ins System einzugeben. Herczeg spricht von einer Form aktiver Hilfe[5]. (siehe Kapitel Hilfe und Dokumentation)

---

[1] Vgl. Wandmacher, Jens: Softwareergonomie, a.a.O., S. 189 ff.
[2] Vgl. Bauer, Günther: Software- Management, a.a.O., S. 21 f. und Rauterberg, Matthias/Spinas, Philipp/Strohm, Oliver/Ulich, Eberhard/Weber, Daniel: Benutzerorientierte Software- Entwicklung, a.a.O., S. 113 f.
[3] Vgl. Herczeg, Michael: Software- Ergonomie, a.a.O., S. 121
[4] Vgl. http://dsor.uni-paderborn.de/de/forschung/publikationen/blumstengel-diss/ORWelt-Gestaltung.html vom 05.03.02 (Lernprogramm OR- Welt)
[5] Vgl. Herczeg, Michael: Software- Ergonomie, a.a.O., S. 141

6. Das Dialogsystem

Um die aufgabenbezogene Gesamtheit von Interaktionen zwischen Mensch und Computer erfassen zu können, muss zunächst ein Grundgerüst konstituierender Elemente entwickelt werden. Daraus lassen sich dann Spezifikationsaufgaben zuordnen[1]. (siehe Anhang, Abb. 54)

6.1. Dialog

Ein Dialog ist eine Konversation zwischen zwei oder mehreren Parteien[2]. Eine Konversation läuft auf mehreren Ebenen ab. Diese Ebenen können auch auf Computersprachen übertragen werden. (siehe Anhang, Abb. 55) Konversationen mit dem Computer sind meist nur auf der lexikalischen und syntaktischen Ebene „spezifiziert". Im Anhang befinden sich weitere Beispiele. (siehe Anhang, Abb. 56, 57, 58) Beim interaktiven Transaktionsdialog zwischen Benutzer und Computer werden schnell hintereinander Meldungen ausgetauscht. Der Dialog betrifft eine Tatsache und konzentriert sich auf Attribute, die mit dieser Tatsache im Zusammenhang stehen[3].

6.2. Dialognotationen

Dialognotationen beschreiben die Struktur des Dialogs. Die Bedeutung (Semantik) wird nicht behandelt. Wir implizieren diese lediglich, weil die Struktur ein semantisches Modell in unserer Vorstellung entwirft. Soll die Semantik auch spezifiziert werden, muss der Dialog mit der Semantik verknüpft werden. Semantikspezifikation wirkt nach innen (ins System) und/oder zum Benutzer[4].

6.2.1. Diagramme

Bei Diagrammen ist sehr schnell ein Überblick möglich. Wandmacher sieht in der Repräsentation durch Diagramme einen entscheidenden Vorteil, da die Informationen durch einfache perzeptuelle Zugriffsoperationen verfügbar sind. Informationen sind unmittelbar sichtbar und müssen nicht gesucht werden[5]. Im Anhang befindet sich ein Überblick über nutzbare Formen. (siehe Anhang, Abb. 59)

---

[1] Vgl. Bauer, Günther: Software- Management, a.a.O., S. 128 f.
[2] Vgl. Olfert, Klaus/Rahn, Hans- Joachim: Lexikon der Betriebswirtschaftslehre, 2. Aufl., Ludwigshafen 1997, S. 240
[3] Vgl. Hawryszkiewycz, Igor T.: Systemanalyse und –design, a.a.O., S. 379
[4] Vgl. http://medien.informatik.uni-ulm.de/lehre/current/mediale/unterlagen/mi-kapitel-a4-teil2.pdf
[5] Vgl. Wandmacher, Jens: Softwareergonomie, a.a.O., S. 352

6.2.2. Textuelle Dialognotationen[1]

Textuelle Dialognotationen sind einfacher für formale Analysen zu verwenden als Diagramme. Da Computerdialoge linguistisch festgelegt sind mit vorwiegend lexikalischen und syntaktischen (evtl. semantischen) Regeln, liegt die Verwendung von Formalen Grammatiken nahe. Im Anhang sind die verschiedenen Arten dargestellt. (siehe Anhang, Abb. 60, incl. 60a, 60b, 60c, 60d)

6.2.3. Verknüpfung von Dialog und Semantik

Hier gibt es drei verschiedene Ansätze:

1. Notationsspezifische Semantik (siehe Anhang, Abb. 61)

Systemvariablen werden zur Unterstützung angeboten z.b. um die Mausposition an die Zeichendialoge anzubinden. Draw- line erfolgt dort, wohin die Maus zeigt. Alle in Abb. 60 vorgestellten Notationen lassen sich dementsprechend erweitern.

2. Dialognotation mit Programmiersprache verbunden (siehe Anhang, Abb. 62)

Dialognotationen sind in den Programmiersprachencode eingeflochten.

3. Verknüpfung zu Spezifikationsnotationen (siehe Anhang, Abb. 63)

Formale Semantikspezifikationen werden in die Dialognotation eingehängt.

6.2.4. Systemmodelle

Es gibt verschiedene Arten von Standardformalismen. Im Anhang befindet sich eine Aufzählung mit kurzer Erläuterung. (siehe Anhang, Abb. 64, incl. 64a, 64b)

6.3. Das Dialogsystem und seine Schnittstellen

Allgemein bezieht sich die Schnittstellengestaltung auf die Gestaltungsgegenstände (was soll gestaltet werden?) und die Gestaltungskriterien (nach welchem Maßstab soll gestaltet werden?). Die Gestaltungsgegenstände einer softwareergonomischen Gestaltung sind die verschiedenen Schnittstellen des Dialogsystems. Bezugnehmend auf das IFIP- Modell unterscheidet man hier die anwendungsunabhängige Ein-/Ausgabeschnittstelle, Dialogschnittstelle und Werkzeugschnittstelle[2]. (siehe Anhang, Abb. 65) Die Ein-/Ausgabeschnittstelle (❶) befasst sich mit den Regeln für die Eingaben der Benutzer und den Ausgaben des Software- Systems.

---

[1] Vgl. Weber, Michael: Mediale Informatik. Formale Methoden zur Dialognotation, Ulm 2002, S.1 ff.
[2] Vgl. Herczeg, Michael: Software- Ergonomie, a.a.O., S. 105

Die Dialogschnittstelle (❷) umfasst Regeln, die den Dialog zwischen Benutzer und Computer festlegen. Die Werkzeugschnittstelle (❸) enthält Regeln, die den Zugriff des Benutzers auf Software Werkzeuge und Daten bestimmen[1].

Weiterhin gibt es zwei Organisationsschnittstellen, die zwischen Benutzer bzw. Computer und Arbeitsumwelt stehen. Die nichttechnische Organisationsschnittstelle (①) übernimmt die Funktionsverteilung zwischen Mensch und Maschine und gestaltet die Arbeitsabläufe. Die technische Organisationsschnittstelle (②) betrachtet Fragen des Informationsaustausches und des Datenschutzes bzw. der Datensicherheit[2].

6.4. Das Dialogsystem und seine Gütekriterien

Die Gestaltungskriterien einer softwareergonomischen Gestaltung lassen sich schrittweise aus den Kriterien menschengerechter Arbeit ableiten. (siehe Anhang, Abb. 66) Hierbei geht es um die Arbeit des Benutzers als Einzelperson und um die Arbeit des Teams mit dem Computer[3].

6.5. Gütekriterien nach Shneiderman

Shneiderman formulierte acht Grundregeln, die bei der Entwicklung nahezu jeden interaktiven Systems anwendbar sind[4]. Diese Regeln befinden sich auch weitgehend in der DIN 66234 Teil 8 und in der ISO 9241 Part 10[5]. Shneiderman formulierte sie weniger abstrakt und daher sind sie leichter anwendbar. Natürlich besteht so auch die Gefahr der falschen Interpretation in komplexen Systemen. Im Anhang befindet sich eine Übersicht. (siehe Anhang, Abb. 67)

6.6. Gütekriterien nach DIN und ISO

Das IFIP- Modell diente auch hier als Grundlage zur Definition der Normen mit den Grundsätzen zur Dialoggestaltung. Ursprünglich handelte es sich um fünf Gestaltungsgrundsätze, die um zwei erweitert wurden[6]. Im Anhang sehen Sie einen

---

[1] Vgl. Englisch, Joachim: Ergonomie von Software- Produkten, a.a.O., S. 25
[2] Vgl. Janson, Andre`: Usability- Engineering als Instrument des Managements informationstechnologischer Veränderungsprozesse in Unternehmen, Inaugural- Dissertation zur Erlangung des Grades eines doctor rerum politicarum\ (Dr. rer. pol.) der Fakultät Sozial- und Wirtschaftswissenschaften der Otto- Friedrich-Universität Bamberg, März 2001, S. 17
[3] Vgl. Hawryszkiewycz, Igor T.: Systemanalyse und –design, a.a.O., S. 47 ff.
[4] Vgl. Shneiderman, Ben: Designing the User Interface, a.a.O., S. 72 ff.
[5] Vgl. Herczeg, Michael: Software- Ergonomie, a.a.O., S. 114
[6] Vgl. Herczeg, Michael: Software- Ergonomie, a.a.O., S. 105

Vergleich zur VGB 104- Arbeit an Bildschirmgeräten[1]. (siehe Anhang, Abb. 68) Stankowski hat die gestalterischen Ansprüche an ein Computerprogramm einfacher zusammengestellt[2]. (siehe Anhang, Abb. 69)

6.6.1. Aufgabenangemessenheit[3]

Insgesamt sollte der Benutzer durch das komfortable Anbieten nützlicher Funktionen und Informationen mit sicheren Schritten zur Lösung seiner Aufgaben geführt werden.

6.6.2. Selbstbeschreibungsfähigkeit[4]

Die Dialogsysteme sollten so gestaltet sein, dass dem Benutzer auf Verlangen jederzeit Antworten gegeben werden können.

6.6.3. Steuerbarkeit[5]

Je nach sich ergebendem Bedarf werden die Dialogsysteme so gestaltet, dass die Steuerung des Dialoges beim Benutzer liegt, d.h. das Dialogsystem dient als Hilfswerkzeug zur Erledigung bestimmter Aufgaben des Benutzers.

6.6.4. Erwartungskonformität[6]

Die Dialogsysteme sollten, soweit erforderlich, gemäß den Erwartungen des Benutzers gestaltet werden.

6.6.5. Fehlerrobustheit

Im Rahmen der Fehlerrobustheit wird in angemessener Weise darauf geachtet, dass die Arbeitsergebnisse des Benutzers mit keinem oder einem Minimum an zusätzlichem Aufwand für Korrekturen im Falle von Fehleingaben erledigt werden können. Fehlersituationen werden für den Benutzer erkennbar dargestellt[7].

---

[1] Vgl. http://www.ce.uni-linz.ac.at/research/sw_erg_pages/kriterie.htm vom 07.03.02
[2] Vgl. Knauth, Peter/Steiner, Hans: Softwareergonomische Gestaltung von Bildschirmmasken und Computerprogrammen, Anwendungsbeispiel: Multimediale Lern- und Lehrprogramme für Experten und Beschäftigte, Karlsruhe 1997, S. 15 f.
[3] Vgl. Wandmacher, Jens: Software- Ergonomie, a.a.O., S. 193f.
[4] Vgl. http://www.iud.fh-darmstadt.de/iud/wwwmeth/publ/ausarb/mmk/ausarb2c.htm#Heading4
[5] Vgl. http://www.fh-duesseldorf.de/FB/ETECH/DOCS/langmann/material/wincc/Steuerbarkeit.htm
[6] Vgl. http://www.uni-karlsruhe.de/~ea13/doko/referat.html#no2
[7] Vgl. Platz, Gerhard: Methoden der Softwareentwicklung, 3. Aufl., München/Wien 1988, S. 17 f.

6.6.6. Individualisierbarkeit

Bei der Entwicklung der Dialogsysteme sollte darauf geachtet werden, dass die unterschiedlichen Benutzer den Dialog an ihre Fähigkeiten und Wünsche zur aktuellen Aufgabenerledigung anpassen können[1].

6.6.7. Erlernbarkeit/Lernförderlichkeit[2]

Soweit erforderlich, wird die Erlernbarkeit der Dialogführung unterstützt. Die Entlastung des Benutzergedächtnisses und die Erhaltung von Konsistenz können hier Ziele sein.

6.7. Abhängigkeit vom Benutzer

Abhängig von den Eigenschaften der Benutzer des betrachteten Dialogsystems lassen sich den Gütekriterien unterschiedliche Prioritäten zuweisen. Bei Experten sind andere Kriterien wichtig als bei Laien. Dies sollte man bei der Gestaltung von Bedienarbeitsplätzen/Dialogsystemen berücksichtigen[3].

6.8. Entwicklungsmodelle von Dialogsystemen (User Interfaces)

Zwei mögliche Entwicklungsmodelle werden nachfolgend dargestellt.

6.8.1. Das Schalenmodell

Das Schalenmodell zeigt den Ablauf bei der Entwicklung von User Interfaces. (siehe Anhang, Abb. 70) Im Mittelpunkt steht hier die Aufgaben- bzw. Funktionsverteilung zwischen Mensch und Maschine.

6.8.2. Das Prozessmodell des Usability Engineerings

Dieses Modell verfolgt einen ganzheitlichen Ansatz zur Entwicklung von User Interfaces[4]. (siehe Anhang, Abb. 71)

6.9. Einordnen der Bediener in Benutzerklassen

Bediener computerunterstützter technischer Anlagen können in verschiedene Benutzerklassen unterteilt werden. Bei der Gestaltung von graphischen Benutzungsoberflächen und Mensch- Maschine- Dialogen sollte besonders darauf geachtet werden, für welche Benutzergruppen das System konzipiert wird[5]. Seibt

---

[1] Vgl. Herczeg, Michael: Software- Ergonomie, a.a.O.; S. 175- 183
[2] Vgl. Besser, Annette: Usability auf http://www.annette-bresser.de/Usability.html
[3] Vgl. Herczeg, Michael: Software- Ergonomie, a.a.O., S. 37f.
[4] Vgl. http://www.inf.tu-dresden.de/ST2/pw/lv_bdt/hyperbase/buch/vorgehensweise/vorgehensweise_grundidee.htm
[5] Vgl. Herczeg, Michael: Software- Ergonomie, a.a.O., S. 37 f.

gibt einen Vorschlag zur Einteilung[1]. (siehe Anhang, Abb. 72) Ein weiterer möglicher Ansatz zur Unterscheidung von Benutzergruppen besteht darin, zwischen Häufigkeit der Ausübung der Bedienung und Geübtheit des Bedieners zu unterscheiden. (siehe Anhang, Abb. 73)

7. Benutzerbeteiligung bei der Softwareentwicklung

Die Notwendigkeit einer Benutzerbeteiligung ist unter anderem darin begründet, dass die wachsende Komplexität heutiger Anwendungen vom Software- Designer häufig nicht mehr hinreichend durchschaut und bewältigt werden kann.

Diese Komplexität erfordert eine enge Zusammenarbeit von Benutzern als Experten für das zu unterstützende Fachgebiet und Designern als Experten für Informatikwerkzeuge[2]. Mögliche Gründe sind im Anhang aufgeführt. (siehe Anhang, Abb. 74) Rauterberg hat hierzu auch benutzerorientierte Benchmark- Tests durchgeführt[3].

7.1. Designprozess

Die Benutzungsschnittstelle stellt die zentrale Komponente zur Gestaltung und Bewertung eines soziotechnischen Systems dar, weil dort Wissen über Interaktionstechnologien, Modalitäten, Benutzer, Aufgaben usw. zusammenlaufen[4].

Der Unterstützung des Designprozesses kommt besondere Bedeutung zu, da die Gestaltung interaktiver Software gleichzeitig die Gestaltung menschlicher Arbeit darstellt[5].

7.1.1. Softwarelebenszyklus

Traditionell gliederte man den Softwarelebenszyklus in Phasen. Das Hauptaugenmerk lag auf der Schaffung eines stark strukturierten Softwareprozesses mit klar definierten, sequentiellen Phasen. Zwei traditionelle Formen sind das Wasserfallmodell und das V- Modell. (siehe Anhang, Abb. 75 und Abb. 76)

[1] Vgl. Scheid, Eva Maria: Interview mit Seibt, Dietrich,Universität Köln, Lehrstuhl für Wirtschaftsinformatik in: IVBB Aktuell 4/1998 auf www.ivbb.de
[2] Vgl. Rauterberg, Matthias/Spinas, Philipp/Strohm, Oliver/Ulich, Eberhard/Weber, Daniel: Benutzerorientierte Software- Entwicklung, a.a.O., S. 27
[3] Vgl. Rauterberg, Matthias: Benutzungsorientierte Benchmark-Tests: eine Methode zur Benutzerbeteiligung bei der Entwicklung von Standardsoftware, Projektbericht Nr. 6, Zürich 1991, S. 1 ff.
[4] Vgl. Gerstl, Edmund: Integrierte Design- Umgebung für FPGAs verkürzt die Time- to- Market, in: Elektronik Informationen 10/2001, S. 104- 105
[5] Vgl. Stary, Chris: Bringing Design to Software, Thesenpapier, Linz 1999, S. 1

22

Weitere Modelle sind das Spiralmodell und das zyklische Modell. (siehe Anhang, Abb. 77 und Abb. 78)

7.1.2. Iteratives Design und Prototyping

Prototyping bedeutet, iterative Zyklen von Design, Evaluation und Verbesserung des Designs durchzuführen, wobei künftige Benutzer das Design anhand von Prototypen bewerten. In einem neuerlichen Designvorgang sollen so dann Verbesserungen und Verfeinerungen erreicht werden[1]. Prototypen[2] sind unvollständige Teile des Gesamtsystems, die es ermöglichen Designideen ausprobieren zu können und reichen von Papierprototypen über einfache, ablauffähige Präsentationen bis zu High- Fidelity Prototypen. Im Anhang ist der Ablauf des Prototyping erläutert. (siehe Anhang, Abb. 79)

7.1.2.1. Ansätze für Prototyping
Im Anhang sind verschiedene Ansätze vorgestellt. (siehe Anhang, Abb. 80, incl. 80a, 80b, 80c)

7.1.2.2. Techniken des Prototyping
Oft werden unterschiedliche Techniken zur Erstellung eines Prototyps verwandt. Entscheidend ist hierbei der Zweck, den der Prototyp später erfüllen soll. (siehe Anhang, Abb. 81)

7.1.3. Benutzermodelle im Design
Atzenbeck unterscheidet hier drei verschiedene Arten von Benutzermodellen[3]. Im Anhang sind mögliche Elemente einer Benutzermodellierung dargelegt. (siehe Anhang, Abb. 81a)

7.1.3.1. Hierarchische Modelle
Hierarchische Modelle beschreiben die Aufgaben- und Zielstruktur eines Benutzers[4]. (siehe Anhang, Abb. 82)

---

[1] Vgl. http://www.usability-forum.com/bereiche/prototyping.shtml
[2] Vgl. Balzert, Helmut: Die Entwicklung von Software- Systemen, Mannheim/Wien/Zürich 1989, S. 62 f.
[3] Vgl. Atzenbeck, Claus: Mensch- Maschine- Interaktion, a.a.O., S. 26 f.
[4] Vgl. Wandmacher, Jens: Software- Ergonomie, a.a.O., S. 85 ff.

7.1.3.2. Linguistische Modelle

Linguistische Modelle beschreiben die Grammatik von Benutzer und System[1].
(siehe Anhang, Abb. 83)

7.1.3.3. Physikalische Modelle und Gerätemodelle

Physikalische Modelle und Geräte- Modelle beschreiben die menschlichen motorischen Fähigkeiten. (siehe Anhang, Abb. 84)

7.2. Implementations- Support

Für die Implementierung von Software müssen verschiedene Tätigkeiten ausgeführt werden. (siehe Anhang, Abb. 85) Hierfür benötigen Systementwickler oft unterstützende Werkzeuge.

7.2.1. Toolkits

Toolkits sind eine Sammlung vordefinierter Bildschirmobjekte, sogenannter Widgets Sie bieten Programmierern fertige Interaktionsobjekte[2]. Im Anhang befinden sich entsprechende Beispiele. (siehe Anhang, Abb. 86)

7.2.2. User Interface Management Systems (UIMS)

Bei UIMS handelt es sich um ein Set von Programmier- und Designtechniken. Im Anhang sind Merkmale und Techniken aufbereitet. (siehe Anhang, Abb. 87)

7.3. Hilfe und Dokumentation

Es gibt nur wenige Computersysteme, die unmittelbar verständlich sind, d.h. zu deren Nutzung keine zusätzlichen Erklärungen notwendig sind. Gerade bei immer komplexer entwickelten Softwaresystemen ist der Benutzer auf eine umfassende Hilfe und Dokumentation des Programms angewiesen[3].

7.3.1. Arten der Benutzerunterstützung

Grundsätzlich sollten Hilfesysteme integraler Bestandteil jeder Anwendung sein[4]. Die Arten unterscheiden sich nach den Zugriffsmöglichkeiten, die der Benutzer auf das Hilfesystem hat. Ein schlechtes Beispiel sind noch immer zur Software mitgelieferte Manuals. Diese sind zwar oft umfassend, aber für die sofortige konkrete Unterstützung des Benutzers unbrauchbar. Entscheidungen über Design-, Schreib-

---

[1] Vgl. Uszokoreit, Hans: Einführung in die Computerlinguistik auf
http://www.coli.unisb.de/~hansu/VLCL2002/VLCL%202001.ppt
[2] Vgl. http://www.rrzn.uni-hannover.de/Dokumentation/Umdrucke/WSC.5/WSC5_5.html
[3] Vgl. Herczeg, Michael: Software- Ergonomie, a.a.O., S. 161
[4] Vgl. Schneider- Hufschmidt, Matthias: Entwurf ergonomischer Benutzeroberflächen, 2001, Siemens AG, S. 9- 30

und Strukturierungsrichtlinien für Hilfesysteme hängen viel stärker von Softwarewerkzeugen ab, als dies bei Papierdokumentationen der Fall ist[1]. Im Anhang befinden sich die Arten. (siehe Anhang, Abb. 88)

7.3.2. Intelligente Hilfesysteme

Intelligente Hilfesysteme versuchen situations- und anwenderadäquat zu unterstützen. Dies wird erreicht, indem sich das System vom Anwender ein Modell generiert, in welchem Erfahrung, Vorlieben, Fehler usw. enthalten sind.

Die Wissensrepräsentation bietet verschiedene Möglichkeiten zur Gestaltung intelligenter Hilfesysteme. (siehe Anhang, Abb. 89) Eine bereits komplexere Form stellen die Lernsysteme dar. Informationen sollen dem Lerner interaktiv vermittelt werden, wobei eine Lerneranpassung des Systems die Motivation und Lerneffizienz des Lerners erhöht. Im Anhang wurde eine grobe Klassifikation vorgenommen. (siehe Anhang, Abb. 90)

7.3.3. Design von User- Support- Systemen

Beim Entwurf von User-Support-Systemen muss entschieden werden, wie Hilfe aufgerufen (Command, Button, Funktion usw.) und wie sie dargestellt werden soll (ganzer Bildschirm, Pop- up- Box, Kommandozeile, Fenster). Im Anhang sind verschiedene Designkriterien berücksichtigt. (siehe Anhang, Abb. 91)

8. Konfiguration und Präsentation komplexer Anwendungen am Beispiel von SAP

Da es sich bei dieser Ausführung um SAP interne Daten handelt, wurde das Kapitel von Udo Arend und Edmund Eberleh orginalgetreu übernommen[2]. Die Ausführungen wurden teilweise ergänzt und mit aktuellen Screenshots aus dem System veranschaulicht. Aufgrund der vielen Bilder befindet sich dieses Kapitel im Anhang. (ab Seite 149) Seit kurzem hat die SAP AG ihr Forum für Designer und Entwickler frei zugänglich gemacht. Auf www.sapdesignguild.org kann man neueste Entwicklungen verfolgen und sich Anregungen für eigene Projekte holen.

---

[1] Vgl. http://www.schema.de/doku/html-deu/schemapu/abschnit/grundlag.htm
[2] Vgl. Arend, Udo/Eberleh, Edmund/SAP AG, Usability Group: Konfiguration und Präsentation komplexer Anwendungen in Liskowsky, R./Velichkovsky, W./Wünschmann, W. (Hrsg.): Softwareergonomie `97, Stuttgart 1997

9. Schlussfolgerungen und Ausblick

Die vorliegende Arbeit behandelt Maßnahmen der software- ergonomischen Gestaltung von Anwendungssystemen. Dabei ist zunächst festzustellen, dass kein universelles Schema zur Bewältigung der sich aus informationstechnologischen Veränderungsprozessen ergebenden ergonomischen Anforderungen existiert. In Prozessen, bei denen der humane Aspekt eine zentrale Rolle spielt, kann es aufgrund der Komplexität und Unvorhersehbarkeit menschlicher Verhaltensweisen keine vorgefertigten Lösungen geben. Lösungsansätze für entsprechende Aufgabenstellungen müssen daher immer in Abstimmung mit den von der Veränderung betroffenen Benutzern im spezifischen Nutzungskontext erarbeitet werden.

Es zeigt sich, dass gut benutzbare Anwendungssysteme iterativ und evolutionär in enger Kooperation zwischen Entwicklern und Benutzern im Rahmen einer methodischen Vorgehensweise zu entwickeln sind.

Abkürzungsverzeichnis

MMI	Mensch- Maschine- Interaktion
HCI	Human Computer Interaction
MMS	Mensch- Maschine- System
WIMP	windows, icons, menues, pointers
CSCW	Computer- supported cooperative work
IFIP	International Federation for Information Processing
BOF	Benutzeroberfläche
LZG	Langzeitgedächtnis
KZG	Kurzzeitgedächtnis
SQL	Structered Query Language
DIN	Deutsche Industrie Norm
ISO	International Organisation for Standardization
WYSIWYG	What you see is what you get
CAD	Computer Added Design
STN	State transition networks
JSD	Jackson Structered Design
SA/SAD	Structured Analysis and Design
OMT	Object Modelling Technique
UML	Universal Modelling Language
JSP	Jackson Structered Programming
BNF	Backus- Naur- Form
C3P	Communicating Sequentiell Processes
QS	Qualitätssicherung
GUI	graphical user interface = Benutzungsoberfläche
GOMS	goals, operators, methods, selection
CCT	Cognitive complexity theory
ST	Simple Tasks
TAG	Task– action grammar
KLM	Keystroke level model
OSF	Open Software Foundation
UIMS	User Interface Management System

1. Ansorge, Peter/Frick, Guido/Friedrich, Jürgen/Haupt, Uwe /Institut für Software-Ergonomie und Informationsmanagement (ISI), Technologie-Zentrum Informatik (TZI), Universität Bremen „Ergonomie geprüft" – Das Ende der Benutzungsprobleme?

2. Arend, Udo/Eberleh, Edmund/SAP AG, Usability Group: Konfiguration und Präsentation komplexer Anwendungen in Liskowsky, R./Velichkovsky, W./Wünschmann, W. (Hrsg.): Softwareergonomie `97, Stuttgart 1997

3. Atzenbeck, Claus: Grundlagen Mensch- Maschine- Interaktion, 1999, Universität Regensburg, Philosophische Fakultät IV: Sprach- und Literaturwissenschaften, Lehrstuhl für Informationswissenschaft

4. Atzenbeck, Claus: Grundlagen Software- Ergonomie, 1999, Universität Regensburg, Philosophische Fakultät IV: Sprach- und Literaturwissenschaften, Lehrstuhl für Informationswissenschaft

5. Back, Andrea/Seufert, Andreas: Computer Supported Cooperative Work (CSCW) - State of the Art und zukünftige Herausforderungen, HMD- Praxis der Wirtschaftsinformatik, Heft 213, Juni 2000 auf http://hmd.dpunkt.de/213/01.html vom 05.03.02

6. Balzert, Helmut: Die Entwicklung von Software- Systemen, Mannheim/Wien/Zürich 1989

7. Bauer, Günther: Software- Management, Heidelberg/Berlin/Oxford 1995

8. Beham, Manfred: Implementierung (OOP), Fachhochschule Amberg-Weiden, Sommersemester 2001, S. 3

9. Beimel, J., Hüttner, J., Wandke, H. (1992): Kenntnisse von Programmierern auf dem Gebiet der Software- Ergonomie. Vortrag Fachtagung "Arbeits-, Betriebs- und Organisationspsychologie vor Ort". 25. - 27.5.1992. Bad Lauterbach.

10. Bertram, Joachim: Objektorientierte Modellierung von Multimedia Anwendungen, Modellierung von Benutzungsschnittstellen, 1998

11. Besser, Annette: Usability auf http://www.annette-bresser.de/Usability.html

12. Brauer, Sebastian/Huffstadt, Karsten: Human Computer- Interaction, Seminararbeit 2001

13. Cakir, Ahmed E.: Usability Engineering - Vom Forschungsobjekt zur Technologie. In: Handbuch der modernen Datenverarbeitung, April 2000, Band 212

14. Curricula for Human- Computer Interaction, ACM Special Interest Group on Computer-Human Interaction Curriculum Development Group, 1992 auf http://www.acm.org/sigchi/cdg/ vom 19.02.2002

15. Denkschrift "Arbeitswissenschaft in der Gesetzgebung". Gesellschaft für Arbeitswissenschaft /Rationalisierungskuratorium der Deutschen Wirtschaft (RKW) e.V. (Hrsg.), 3. erw. Auflage, 1978

16. Duffy, Tim: Four Software Tools. Application and Concepts, USA 1989

17. Dzida, Wolfgang: International user- interface standardization. In: Tucker, Allen B. (Herausgeber): The Computer Science and Engineering Handbook, Florida 1997

18. Eberleh, Edmund/Meinke, Falco/SAP AG Walldorf: OASE: Eine Arbeitsumgebung für komplexe Anwendungssysteme in: Böcker, Heinz- Dieter (Hrsg.): Software- Ergonomie `95, Stuttgart 1995

19. Endruweit, G./Trommersdorf, G. (Hrsg.): Wörterbuch der Soziologie, Stuttgart 1989

20. Englisch, Joachim: Ergonomie von Softwareprodukten, Mannheim 1993

21. G. Balschek: Mensch- Maschine- Kommunikation. In: P. Rechenberg, G. Pomberger (Hrsg.): Informatik-Handbuch, München, Wien 1999

22. Gause, Donald C./Weinberg, Gerald M.: Software Requirements, München/Wien 1993

23. Gerstl, Edmund: Integrierte Design- Umgebung für FPGAs verkürzt die Time-to- Market, in: Elektronik Informationen 10/2001

24. Glogger, Bustos Andre`: Interaktions- und Benutzermodelle in HCI, 2001

25. Gross, Tom/Specht, Marcus: Awareness in Context- Aware Information Systems GMD- FIT, St. Augustin, 2000

26. Harel, David: On visual formalisms in: Communications of the ACM, May 1988, Volume 31, Number 5

27. Hawryszkiewycz, Igor T.: Systemanalyse und –design. Eine Einführung, München/London/Mexiko City/New York/Singapur/Sydney/Toronto 1995

28. Herczeg, Michael: Software- Ergonomie. Grundlagen der Mensch- Computer- Kommunikation, Bonn 1994

29. Herrmann, Thomas: Software- Ergonomie bei interaktiven Medien, 1999

30. Hußmann, Heinrich: Entwicklungsmethoden: Systematischer Überblick, Software- Technologie II, TU Dresden, 2001

31. Janson, Andre`: Usability- Engineering als Instrument des Managements informationstechnologischer Veränderungsprozesse in Unternehmen, Inaugural-Dissertation zur Erlangung des Grades eines doctor rerum politicarum\ (Dr. rer. pol.) der Fakultät Sozial- und Wirtschaftswissenschaften der Otto- Friedrich-Universität Bamberg, März 2001

32. Kazmeier, Helmut: Virtual Reality Augmented Reality, Gestaltung ergonomischer Oberflächen, 2001

33. Kersten, Norbert: Microsoft krempelt Softwareentwicklung um in: Chefbüro, 06/2001

34. Klink, Stefan: Entwicklung von großen Software-Systemen, Kaiserslautern 1994

35. Kloss, Kerstin: Virtuelle Einkaufsberatung in: Informationweek, 28/01

36. Knauth, Peter/Steiner, Hans: Softwareergonomische Gestaltung von Bildschirmmasken und Computerprogrammen, Anwendungsbeispiel: Multimediale Lern- und Lehrprogramme für Experten und Beschäftigte, Karlsruhe 1997

37. Kolrep, Harald: Klassifikation von Unterstützungssystemen aus kognitiv-psychologischer Sicht – Untersuchungen mit Experten und Anfängern in der Flugsicherung, 96- 3

38. Krause, Jürgen: Das WOB – Modell, Zur Gestaltung objektorientierter, grafischer Benutzungsoberflächen, Januar 1996

39. Krause, Jürgen: Grundlagen der Software- Ergonomie, Institut für Informatik, Universität Koblenz/Landau 2001

40. Krause, Jürgen: Visualisierung und graphische Benutzungsoberflächen, IZ-Arbeitsbericht Nr. 3, Mai 1996

41. Lin, Jimmy: Midterm Review, März 1999 auf http://bmrc.berkeley.edu/courseware/cs160/spring99/Lectures/11-Midterm_Review/review.ppt am 05.03.02

42. Maaß, Susanne: Software-Ergonomie, Benutzer- und Aufgabengerechte Systemgestaltung, Informatik-Spektrum, 16, 1993

43. Maier, Thilo: Grundlagen der Interaktiven Systeme, 1999

44. Mertens, P./Höhl, M.: Wie lernt der Computer den Menschen kennen? Bestandsaufnahme und Experimente zur Benutzermodellierung in der Wirtschaftsinformatik, Erlangen 1999

45. Mittermeir, Roland: Modellierung, Universität Klagenfurt 2001

46. Nardi, B. A./Zarmer, C.L. (1993): Beyond Models and Metaphers: Visual Formalisms in User Interface Design. In: Journal of Visual Languages and Computing 4

47. Olfert, Klaus/Rahn, Hans- Joachim: Lexikon der Betriebswirtschaftslehre, 2. Aufl., Ludwigshafen 1997

48. Pastor, S.: Der dreidimensionale PC- Neue Möglichkeiten der Mensch- Computer- Interaktion in: Art Computer Faszination, Frankfurt/M. 2001

49. Paul, Hansjürgen: Unbenutzbarkeit verwerfen, Thesenpapier zur AG3 „Nutzungsqualität entwerfen" der MMK 2000

50. Platz, Gerhard: Methoden der Softwareentwicklung, 3. Aufl., München/Wien 1988

51. Rauterberg, Matthias/Spinas, Philipp/Strom, Oliver/Ulich, Eberhard/Waeber, Daniel: Benutzerorientierte Software- Entwicklung. Konzepte, Methoden und Vorgehen zur Benutzerbeteiligung, Stuttgart 1994

52. Rauterberg, Matthias: Benutzungsorientierte Benchmark-Tests: eine Methode zur Benutzerbeteiligung bei der Entwicklung von Standardsoftware, Projektbericht Nr. 6, Zürich 1991

53. Rothe, Heinz- Jürgen/Kolrep, Harald: Psychologische Erkenntnisse und Methoden als Grundlage für die Gestaltung von Mensch- Maschine- Systemen, 96 - 3

54. Sarges, W./Fricke, R.: Psychologie für die Erwachsenenbildung/Weiterbildung, Göttingen 1986

55. Schäfer, Ralph/Weis, Thomas/Weyrath, Thomas/Jameson, Anthony: Wie können Ressourcenbeschränkungen eines Dialogpartners erkannt und berücksichtigt werden? Fachbereich Informatik, Universität des Saarlandes, Postfach 151150, D-66041 Saarbrücken in: Kognitionswissenschaft (1997) 6: 151-164

56. Scheid, Eva Maria: Interview mit Seibt, Dietrich, Universität Köln Lehrstuhl für Wirtschaftsinformatik in: IVBB Aktuell 4/1998 auf www.ivbb.de (08.03.02)

57. Schick, Anne/Passow, Jana: Computer Abstractions and Technology, 2000

58. Schmidtke, Heinz (Hrsg.): Ergonomie, München/ Wien 1993

59. Schmitt, Arndt: Diplomarbeit im Fach Allgemeine Wirtschaftsinformatik: Bedeutung und Gestaltung der Testprozesse in der adaptiven Softwareentwicklung, Köln 1999

60. Schmutz, Thomas: Interaktivität oder Interaktion, Der Verlust von Begrifflichkeit auf: http://www.sagw.ch/members2/vkks/publications/others/Schmutz.htm am 25.02.02

61. Schneider- Hufschmidt, Matthias: Entwurf ergonomischer Benutzeroberflächen, 2001, Siemens AG

62. Shneiderman, Ben: Designing the User Interface, 2. Aufl., USA 1993

63. Schoblick, Robert: Vom Call- zum Kontaktcenter in: Funkschau 22/01

64. Stahlknecht, Peter/Hasenkamp, Ulrich: Einführung in die Wirtschaftsinformatik, 9.Aufl. , Berlin/Heidelberg/New York 1999

65. Stary, Chris: Bringing Design to Software, Thesenpapier, Linz 1999

66. Stempfhuber, Maximilian/Hermes, Bernd: The Murbandy WWW User Interface, Informationszentrum für Sozialwissenschaften Bonn 2001

67. Strohner, Hans: Kognitive Systeme, Opladen 1995

68. Szwillus, Gerd: Vorlesung „Programmierung von Benutzungsschnittstellen", WS 2000/2001

69. Ulich, Eberhard: Script zur Arbeitspsychologie, Münster 1998,Vorlesung: Einführung in die Organisations- und Marktpsychologie (Boos), Sitzung vom 19.11.2001, Produktivität (Individuum, Arbeit)

70. Uszokoreit, Hans: Einführung in die Computerlinguistik auf http://www.coli.uni-sb.de/~hansu/VLCL2002/VLCL%202001.ppt am 08.03.02

71. Wagner, Claus auf http://www.art-of-web-usability.de am 19.02.2002

72. Wandmacher, Jens: Softwareergonomie, Berlin/New York 1993

73. Weber, Michael: Mediale Informatik. Formale Methoden zur Dialognotation, Ulm 2002

74. Wiechert, Holger: 3D-Visualisierungstechniken zur Navigation in Hypertextstrukturen - Eine vergleichende Bewertung nach software-ergonomischen Kriterien, Paderborn, 1998

75. Wolf, Volker: Grundlagen der Software- Ergonomie. Telelehrveranstaltung: Informatik und Gesellschaft, Universität Bonn

Internetadressen

http://dsor.uni-paderborn.de/de/forschung/publikationen/blumstengel-diss/ORWelt-Gestaltung.html vom 05.03.02

http://home.nordwest.net/hgm/ergo/kap-stlg.htm vom 05.03.02

http://ls5-www.cs.uni-dortmund.de/teaching/ss1999/softwaretechnologie/sld014.htm vom 07.03.02

http://medien.informatik.uni-ulm.de/lehre/current/mediale/unterlagen/mi-kapitel-a4-teil2.pdf vom 12.03.02

http://pdv.cs.tu-berlin.de/forschung/KUKA_PJ-WS00/aufgabe.html vom 05.03.02

http://rpssg3.psychologie.uni-regensburg.de/stroehle/normand/norman.html vom 18.02.02

http://wholesaledistribution.services.ibm.com/wdRefRoom.nsf/HTMLAttachmentsByUNID/AE0598409BD10CB88625694B006EBEE5/$File/info0info.html vom 07.03.02
http://www.ce.uni-linz.ac.at/research/sw_erg_pages/kriterie.htm vom 07.03.02

http://www.cs.umd.edu/projects/hcil/Research/treemaps.html vom 15.02.02

http://www.fh-duesseldorf.de/FB/ETECH/DOCS/langmann/material/wincc/Steuerbarkeit.htm vom 07.03.02
http://www.hpl.hp.com/techreports/90/HPL-90-149.html vom 19.02.02

http://www.inf.tu-dresden.de/ST2/pw/lv_bdt/hyperbase/buch/motivation/motivation.htm vom 05.03.02

http://www.inf.tu-dresden.de/ST2/pw/lv_bdt/hyperbase/buch/vorgehensweise/vorgehensweise_grundid ee.htm vom 08.03.02

http://www.informatik.uni-leipzig.de/ifi/lehre/Heyer9900/kap22/sld008.htm vom05.03.02

http://www.iud.fh-darmstadt.de/iud/wwwmeth/publ/ausarb/mmk/ausarb2c.htm#Heading4 vom 07.03.02

http://www.mathworks.com/access/helpdesk/help/toolbox/stateflow/notati49.shtml vom 07.03.02

http://www.ubic.com/Trance-Art/Evo-Kunst/Evo-Kunst-Beschreibungen/EvoKunst+Kommunikation.html vom 19.02.02

http://www.usability-forum.com/bereiche/prototyping.shtml vom 08.03.02

http://www-vs.informatik.uni-ulm.de/Lehre/Seminar_Java/ausarbeitungen/OO-Einfuehrung/oo.html vom 08.03.02

http://www-cg-hci.informatik.uni-oldenburg.de/~pgse96/Seminar/LStruewing.html#incpro vom 08.03.02

http://www1.informatik.uni-jena.de/Lehre/SoftErg/vor_t100.htm vom 08.03.02

http://www.bgbm.fu-berlin.de/projects/Examensarbeiten/Hildebrandt/diplom/kapitel4.htm vom 08.03.02

http://www.rrzn.uni-hannover.de/Dokumentation/Umdrucke/WSC.5/WSC5_5.html vom 08.03.02

http://www.acm.org/sigchi/chi95/Electronic/documnts/papers/djk_bdy.ht vom
08.03.02

http://www.schema.de/doku/html-deu/schemapu/abschnit/grundlag.htm vom
08.03.02

http://www.inf.tu-
dresden.de/ST2/pw/lv_bdt/hyperbase/buch/grundlagen/hilfesysteme/onlinehelp.htm
vom 08.03.02

http://www-cg-hci.informatik.uni-
oldenburg.de/~airweb/Seminarphase/MarcWitte/html/node2.html#Label5 vom
19.02.02

http://me.in-berlin.de/~surveyor/perls/cshg-suchen.cgi?suchen=XView vom 08.03.02

http://141.90.2.11/ergo-online/Software/S_Prototyping_abl.htm vom 08.03.02

http://141.90.2.11/ergo-online/software/g_sw-ergo.htm vom 05.03.02

http://www.helpstuff.com/HelpCornerArchives/06-2000/hc6-00.htm vom 08.03.02

www.din.de vom 15.02.02

www.umlforum.com/zippdf/norman2.ppt vom 18.02.02

http://www.ilan-software.de/JCTreeView.htm vom 05.03.02

http://www.o-s-e.de/ vom 05.03.02

http://www.iwi.uni-sb.de/iwi-hefte/heft132.html vom 08.03.02

http://www.billbuxton.com/UIMStax.html vom 08.03.02

http://www.commando.de/glossar/gloss-o.htm vom 08.03.02

http://www.informatik.uni-hamburg.de/TGI/GI-Fachgruppe0.0.1/PN.html vom 15.02.02

http://www.uni-karlsruhe.de/~ea13/doko/referat.html#no2 vom 19.02.02

www.sapdesignguild.org vom 05.03.02

www.mindfactory.com/thesis/3/3.htm vom 10.03.02

www.heise.de/ct/99/26/042/ vom 09.03.02

Abb. 1: Zusammenwirken Mensch- Arbeitsmittel

Nummer	Text
20.	• Die Grundsätze der Ergonomie sind insbesondere auf die Verarbeitung von Informationen durch den Menschen anzuwenden.
21.	• Bei Entwicklung, Auswahl, Erwerb und Änderung von Software sowie bei der Gestaltung der Tätigkeit an Bildschirmgeräten hat der Arbeitgeber den folgenden Grundsätzen insbesondere im Hinblick auf die Benutzerfreundlichkeit Rechnung zu tragen.
21.1.	• Die Software muss an die auszuführende Tätigkeit angepasst sein.
21.2.	• Die Systeme müssen den Benutzern Angaben über die jeweiligen Dialogabläufe unmittelbar oder auf Verlangen machen.
21.3.	• Die Systeme müssen dem Benutzer die Beeinflussung der jeweiligen Dialogabläufe ermöglichen sowie auf evtl. Fehler bei der Handhabung beschreiben und deren Beseitigung mit begrenztem Arbeitsaufwand erlauben.
21.4.	• Die Software muss entsprechend den Kenntnissen und Erfahrungen der Benutzer im Hinblick auf die auszuführende Aufgabe angepasst werden können.
22.	• Ohne Wissen der Benutzer darf keine Vorrichtung zur qualitativen oder quantitativen Kontrolle verwendet werden.

Quelle: Auszug aus der Bildschirmarbeitsplatzverordnung vom 20.12.1996

Abb. 2: Mensch- Maschine- Interaktion

Mensch-Rechner-Interaktion als
Gegenstand der Softwareergonomie

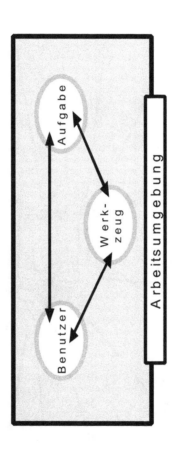

Quelle: Wandmacher, Jens: Softwareergonomie, Berlin/New York 1993, S. 1

Abb. 3: Kriterien ergonomischer Arbeit

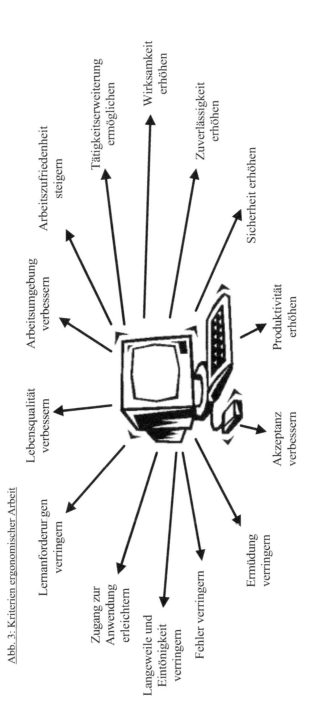

Quelle: Eigene Erstellung

Abb. 4: Ebenen der Aufgabenbearbeitung aus Benutzer- und Systemsicht

Ebenen der Aufgaben -bearbeitung	aus Benutzersicht	aus Systemsicht
Intentional	Intentionen als Ausgangspunkt für Planung mehrerer Tätigkeiten	Modell der Anwendungswelt; kann selbständig aktiv werden
Pragmatisch	Umsetzung d. Intentionen in konkrete Ziele (= erwartete Arbeitsergebnisse)	Zielkontrolle durch Interpretation v. Objektzuständen
Semantisch	Umsetzung der Verfahren in dem Computersystem verständlichen Operationen	Objektänderungen mittels Operationen
Syntaktisch	Eingaberegeln; Computer erzeugt vom Benutzer erkennbare Strukturen	vor semantischer Analyse wird syntaktische Zulässigkeit untersucht
Lexikalisch	Definierte Eingabezeichen eines Eingabealphabets (auch Zeigerhandlung des Benutzers); Computerausgaben müssen vom Benutzer erkannt werden	Benutzereingaben zu erkannte Zeichen (Symbole) umgesetzt; Zeigerhandlungen interpretiert
Sensomotorisch	Eingabe über Motorik (Tastatur, Zeigerinstrument, Sprache)	Eingaben als Signale erfasst; Ausgabe mittels Computerperipherie

Quelle: Eigene Erstellung in Anlehnung an Atzenbeck, Claus auf
http://homepages.uni-regensburg.de/~atc16247/

Abb. 5: Rechtliche Grundlagen

Bildschirmarbeitsverordnung
Seit dem 12. Juni 1996 gilt die europäische Rahmenrichtlinie über Gesundheit und
Sicherheit (89/391/EEC), die in Deutschland am 21. August
1996 als Arbeitsschutzgesetz (ArbSchG) pflichtgemäß in deutsches Recht
umgesetzt wurde.
In dieser Richtlinie sind zunächst allgemeine Schutzziele
für Beschäftigte festgelegt.
Für den Bereich der Bildschirmarbeit wurde die "EU- Bildschirmrichtlinie"
(90/270/EU) am 29. Mai 1990 verabschiedet und am 20. Dezember 1996
schlußendlich auch in Deutschland durch die "Bildschirmarbeitsverordnung"
(BildscharbV) rechtsverbindlich.
Zitat: "Zusammenwirken Mensch- Arbeitsmittel: Abs.20: Die
Grundsätze der Ergonomie sind insbesondere auf die Verarbeitung
von Informationen durch den Menschen anzuwenden"
Diese Verordnung richtet sich ausschließlich an Arbeitgeber. Dieser
wird in der Regel aber versuchen, möglichst frühzeitig die Einhaltung
sicherzustellen und somit auch die Hersteller in die Pflicht nehmen.
ISO 9241
Als Grundlage für eine Definition der Grundsätze der Ergonomie dient
nach EU- Rechtsauffassung die internationale Norm "ISO 9241", die in
17 Teilen die verschiedenen Aspekte der ergonomischen Gestaltung von
Bildschirmarbeitsplätzen betrachtet. Neben der Ergonomie der Hardware
(Monitore, Tastaturen, Eingabegeräte,...) und allgemeinen Anforderungen
an die Arbeitsgestaltung (Mischarbeit, mentale Belastung) werden in den
Teilen 10 bis 17 Anforderungen an die ergonomische Gestaltung von
Software beschrieben.
Normen sind zur Zeit nicht frei erhältlich, sondern müssen gegen Entgelt
bezogen werden.
ISO 13407
Die nachträgliche Prüfung beziehungsweise Begutachtung von Software hat den
Nachteil, daß eventuelle anfallende Änderungen schlimmstenfalls zu erheblichen
Mehraufwendungen führen.
Die internationale Norm "ISO 13407" beschreibt Anforderungen an
einen benutzer- und aufgabenzentrierten Softwareentwicklungsprozess.
Hersteller können bei frühzeitiger Beachtung der dort aufgestellten
Forderungen erheblich Änderungsaufwand einsparen.
In bestimmten Fällen macht sogar eine Zertifizierung eines Herstellungsprozesses
Sinn. Zum Beispiel dann, wenn das Produkt für eine Prüfung zu komplex oder
aber in stetiger Veränderung ist.
Anders als bei der "ISO 9000-x" werden neben allgemeinen Forderungen an die
Dokumentation und Qualitätskontrolle konkrete Maßnahmen zur
Benutzerberücksichtigung empfohlen. Ggf. können diese Maßnahmen auch durch
externe Beratungen geschult werden.

Quelle: www.din.de und http://141.90.2.11/ergo-online/software/g_sw-
ergo.htm vom 05.03.02

Abb. 6: Themen der Software- Ergonomie

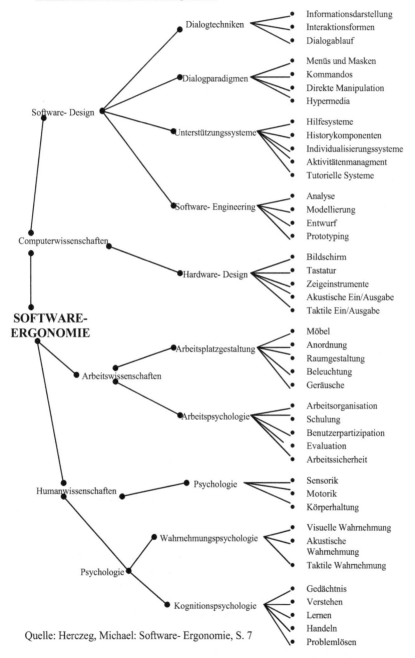

Quelle: Herczeg, Michael: Software- Ergonomie, S. 7

Abb. 7a: Funktionale Einheiten der menschlichen Informationsverarbeitung und Handlungssteuerung

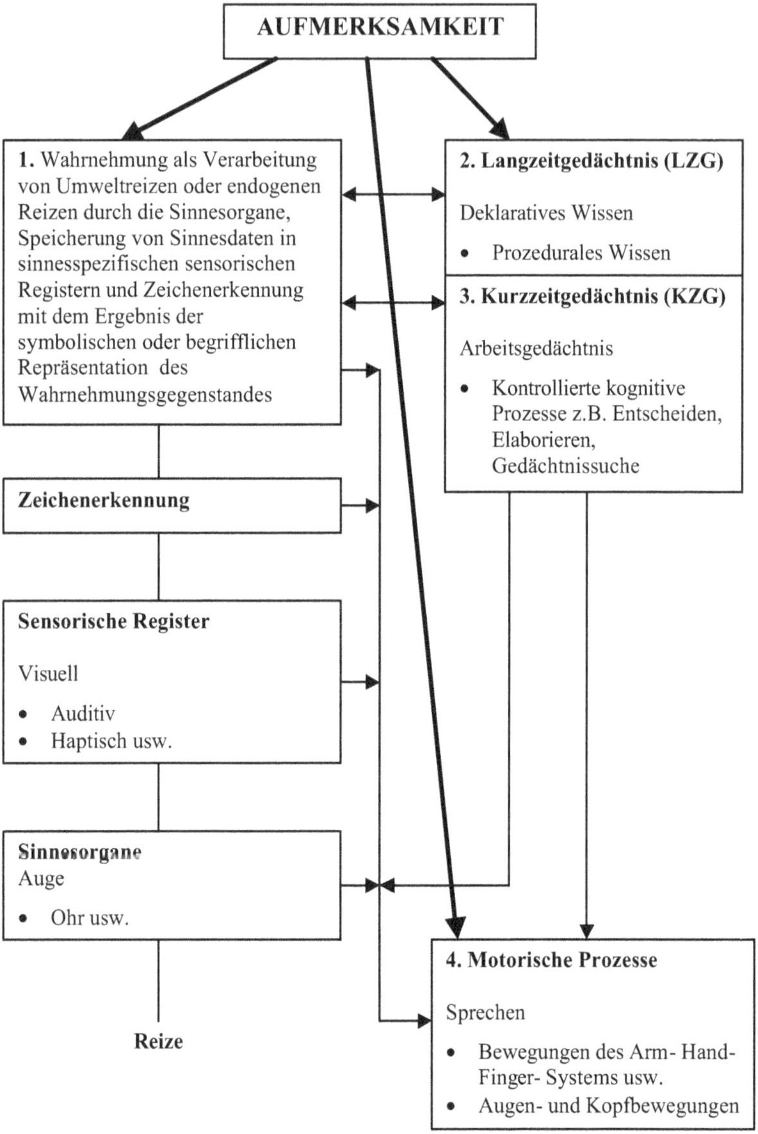

AUFMERKSAMKEIT

1. Wahrnehmung als Verarbeitung von Umweltreizen oder endogenen Reizen durch die Sinnesorgane, Speicherung von Sinnesdaten in sinnesspezifischen sensorischen Registern und Zeichenerkennung mit dem Ergebnis der symbolischen oder begrifflichen Repräsentation des Wahrnehmungsgegenstandes

2. **Langzeitgedächtnis (LZG)**

Deklaratives Wissen

- Prozedurales Wissen

3. **Kurzzeitgedächtnis (KZG)**

Arbeitsgedächtnis

- Kontrollierte kognitive Prozesse z.B. Entscheiden, Elaborieren, Gedächtnissuche

Zeichenerkennung

Sensorische Register

Visuell

- Auditiv
- Haptisch usw.

Sinnesorgane
Auge

- Ohr usw.

Reize

4. **Motorische Prozesse**

Sprechen

- Bewegungen des Arm- Hand- Finger- Systems usw.
- Augen- und Kopfbewegungen

Quelle: Eigene Erstellung in Anlehnung an Wandmacher, Jens: Software- Ergonomie, S.21

Abb. 7b: Handlungsmodell der Mensch- Computer- Interaktion

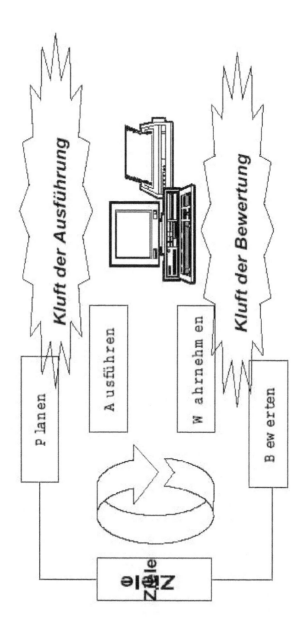

Quelle: Schneider- Hufschmidt, Matthias: Entwurf ergonomischer Benutzeroberflächen, 2001, Siemens AG, S. 2-12

Abb. 8: Verarbeitungskapazität

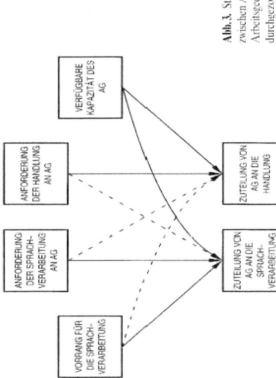

Abb.3. Stark vereinfachtes Modell der Zusammenhänge zwischen Anforderung und Zuteilung von verfügbarer Arbeitsgedächtniskapazität bei zwei Aufgaben (Ein durchgezogener bzw. gestrichelter Pfeil von A nach B bedeutet: A beeinflußt B positiv bzw. negativ)

Quelle: Wie können Ressourcenbeschränkungen eines Dialogpartners erkannt und berücksichtigt werden?
Schäfer, Ralph/Weis, Thomas/Weyrath, Thomas/Jameson, Anthony
Fachbereich Informatik, Universität des Saarlandes, Postfach 151150, D-66041 Saarbrücken in:

Abb. 9: Auswirkungen der Ressourcenbeschränkungen

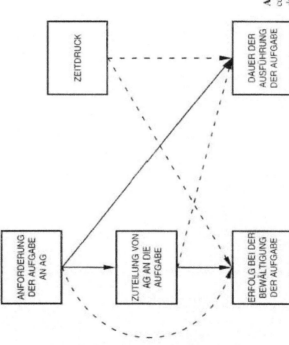

Abb. 4. Modellierung der Auswirkungen von Ressourcenbeschränkungen auf die Ausführung von Aufgaben durch P

Quelle: Wie können Ressourcenbeschränkungen eines Dialogpartners erkannt und berücksichtigt werden? Schäfer, Ralph/Weis, Thomas/Weyrath, Thomas/Jameson, Anthony Fachbereich Informatik, Universität des Saarlandes, Postfach 151150, D-66041 Saarbrücken in: Kognitionswissenschaft (1997) 6: 151-164

Abb. 10: Vergleich der Stärken von Mensch und Maschine

Stärken und Überlegenheiten von Menschen gegenüber Maschinen	Funktionen und Leistungen, bei denen i.d.R. Maschinen dem Menschen überlegen sind
Hohe absolute Empfindlichkeit für visuelle, auditorische, taktile Reize, Geruchs- und Geschmacksreize • Endecken von Signalen vor einem Rauschhintergrund • Erkennen komplexer reize, die sich über die Zeit verändern, z.B. Sprache • Schnelles Erkennen sehr komplexer Reizkonfigurationen wie z.B. Szenen • Erkennen von Kategoriezugehörigkeiten bei nicht eindeutig definierbaren Kategorien • Entdecken von unerwarteten oder bisher nicht bekannten Ereignissen • Behalten großer Informationsmengen über längerer Zeiträume, insbesondere von zusammenhängendem Wissen, Regeln, Heuristiken und Strategien • Erinnern von zusammenhängenden Informationen, allerdings bei geringer Zuverlässigkeit • Flexibilität der Informationssuche, des Entscheidens und des Handelns auch in neuartigen Situationen durch Auswahl und Anpassung von Regeln und Handlungsschemata, durch induktives Schließen, Verallgemeinern verschiedener Beobachtungen, Verwenden von Analogien und durch sonstige Problemlösungsprozesse zur Entwicklung neuartiger Lösungen • Konzentration oder Einschränkung auf die wesentlichen Informationen und Aufgaben bei Überlastung durch Informationen und anliegende Aufgaben • Sehr feine motorische Anpassung bei der Bedienung von Instrumenten • Praktisch unbegrenzte Lernfähigkeit zur Entwicklung von Wissensstrukturen, Wahrnehmungsschemata, Handlungsschemata sowie von kognitiven und motorischen Fertigkeiten	Entdecken eindeutig definierter Signale oder Ereignisse Messen und Zählen physikalischer Größen Schnelles und zuverlässiges Speichern umfangreicher Daten, sofern dies eindeutig definiert und die Zugriffswege spezifiziert sind Schnelle, zuverlässige Reaktion auf eindeutig definierte Eingabesignale Ausführen von Programmen und simultanes Ausführen mehrerer Programme Deduktive Operationen formale Logik Anwenden von Definitionen und Regeln zur Identifikation von Objekten Zuverlässiges Ausführen von Regeln und Wiederholen von Operatoren oder Operationssequenzen Zuverlässige ermüdungsfreie Performance über längere Zeitspannen Zuverlässige Performance auch unter hoher Belastung beispielsweise bei Lärm oder hoher Signaldichte Kein Performanceverlust durch ablenkende Ereignisse

Quelle: Eigene Erstellung in Anlehnung an Wandmacher, Jens: Software-
Ergonomie, S. 19- 20

Abb. 11: Vergleich von Mensch und Computer

	Mensch	Computer
Stärken	Sehr mächtige Fähigkeiten zur Mustererkennung • Fähigkeit zur selektiven Aufmerksamkeitssteuerung • Lebenslange Lernfähigkeit • Unbegrenzte Kapazität des LZG • Assoziativer Zugriff auf Gedächtnisinhalte • Komplexe multi- modale Speicherung • Hohe Kontextsensivität (z.B. bei Entscheidungen usw.) • Kreative Tätigkeiten	Permanente Verfügbarkeit des Speichers • Zuverlässiger Speicherzugriff • Relativ große Speicherkapazität • Sehr schnelle Verarbeitungsgeschwindigkeit • Fast fehlerfreie Datenverarbeitung • Routineoperationen
Schwächen	Geringe Speicherkapazität des KZG • Schnelle Vergessensrate des KZG • Langsame Verarbeitungsgeschwindigkeit • Fehleranfällige Verarbeitung • Unzuverlässiger Zugriff auf das LZG	Sehr eingeschränkte Möglichkeit zur Mustererkennung • Begrenzte Kapazität des „LZG" • Begrenzte Lernfähigkeit • Multi- modale Speicherung • Geringe Kontextsensivität

Quelle: Rauterberg, Matthias/Spinas, Philipp/Strom, Oliver/Ulich, Eberhard/Waeber, Daniel: Benutzerorientierte Software- Entwicklung, Stuttgart 1994, S. 12

Anhang13

Abb. 12: IFIP (International Federation for Information Processing)- Benutzungsschnittstellenmodell

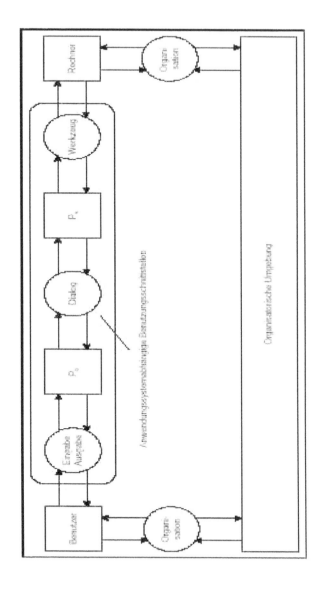

Quelle: Dzida, Wolfgang: International user- interface standardization. In: Tucker, Allen B. (Herausgeber): The Computer Science and Engineering Handbook, Florida 1997, S. 1477

Abb. 13: Komponenten des Modells

❶ Die **Ein-/Ausgabeschnittstelle** definiert Regeln für die Eingabe des Benutzers – wie etwa zur Positionierung des Cursors per Maus oder Tastatur - und die Ausgabe des Rechners in Hinblick auf die Art der Darstellung, Formatierung von Daten, Meldungen oder Werkzeugen und Orts- und Farbcodierung.

❷ Die **Dialogschnittstelle** bestimmt Regeln, die den Ablauf der Arbeit des Benutzers mit dem System festlegen, ob etwa in einem oder in mehreren Schritten vorgegangen wird, auf welche Art Aufträge an das System erteilt werden, wie der Benutzer durch das Hilfesystem unterstützt wird.

❸ Die **Werkzeugschnittstelle** bezieht sich auf die eigentliche Arbeitsaufgabe des Benutzers. Sie repräsentiert Arbeitsgegenstände (Daten) in ihrem aktuellen Bearbeitungsstadium sowie die dazu verfügbaren (Software)Werkzeuge. Das Anwendungssystem stellt für den Benutzer somit nur eine Ansammlung verschiedener Werkzeuge dar, deren Kombinationsprinzipien die Werkzeugschnittstelle bestimmen.

❹ Die **Organisationsschnittstelle** wird geprägt durch Regeln, die das Entstehen, Festlegen und Verteilen von Arbeitsaufgaben des Benutzers und deren Zusammenhang mit Aufgaben anderer Personen in der Organisation bestimmen (z.B. Dienstweg, Arbeitsteilung). Sie gliedert sich in einen technischen Teil bzgl. der Integration von Anwender und Rechner in die Organisation (unter besonderer Berücksichtigung der Kooperation mittels des Anwendungssystems) und in einen nicht technischen Teil (Aufgabenschnittstelle), der auf die Integration des Benutzers und seiner Aufgaben in die Aufbau- und Ablauforganisation Bezug nimmt.

☑ Primär wird mit diesem Modell die Forderung nach anwendungsunabhängigen Benutzungsschnittstellen verfolgt. Ein Benutzer soll – unabhängig von der Gestaltung der Benutzungsschnittstelle - bei verschiedenen Anwendungssystemen für gleiche Aktionen gleiche Handlungen vornehmen. Dieses Ziel zur Gestaltung von Benutzungsschnittstellen ist zwar noch nicht vollständig erreicht, die Mehrzahl der aktuellen Anwendungssysteme kann jedoch bereits von Benutzern mit Grundkenntnissen weitgehend ohne Schulung bedient werden.

Quelle: In Anlehnung an Wolf, Volker: Grundlagen der Software- Ergonomie. Telelehrveranstaltung: Informatik und Gesellschaft, Universität Bonn, S. 2-4 und Cakir, Ahmed E.: Usability Engineering - Vom Forschungsobjekt zur Technologie. In: Handbuch der modernen Datenverarbeitung, April 2000, Band 212, S. 10

Abb. 14: Petrinetz

Ein Beispiel für ein Petrinetz in dieser Schreibweise enthält die untenstehende
Abbildung. Dieses Stellen/Transitions- Netz beschreibt den wechselseitigen
Ausschluss zwischen drei lesenden und einem schreibenden Prozess. Aufgrund
der Markierung der mittleren Stelle und der entsprechenden Kantengewichtung ist
es für alle erreichbaren Markierungen ausgeschlossen, dass sich der rechts
dargestellte schreibende Prozess und auch nur einer der links dargestellten
lesenden Prozesse gleichzeitig im kritischen Abschnitt (in der Abbildung
schraffiert hinterlegt) befinden.

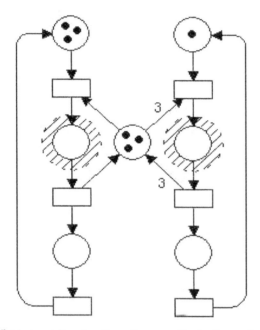

Petrinetze stellen einen Formalismus zur Beschreibung nebenläufiger Prozesse dar.
Prof. Carl Adam Petri legte 1962 in seiner Dissertation "Kommunikation mit
Automaten" die Grundlage für Petrinetze. Mehr als fünftausend Artikel haben sich
seither mit diesem Thema beschäftigt.
Der Erfolg der Petrinetze gründet in ihrer einfachen und anschaulichen, zugleich
aber auch formalen und ausdrucksstarken Natur und ihrem starken Bezug zur
Praxis, der sich in der Vielzahl der durch Petrinetze beschreibbaren Systeme äußert.
Zahlreiche computergestützte Werkzeuge stehen heute bereit, um die Entwicklung,
Validierung und Verifikation von Petrinetzmodellen zu unterstützen.
Ein weiterer Vorteil von Petrinetzen besteht in ihrer graphischen Anschaulichkeit.
Die Stellen werden als Kreise, die Transitionen als Rechtecke und die Flussrelation
als Pfeile zwischen diesen dargestellt.

Quelle: http://www.informatik.uni-hamburg.de/TGI/GIFachgruppe0.0.1/PN.html
vom 05.03.02

Das Seeheim Modell

- bei einem Workshop, der 1983 in Seeheim stattfand, wurde folgendes Modell zur funktionalen Aufteilung (functional partioning) der Benutzungsschnittstelle entworfen

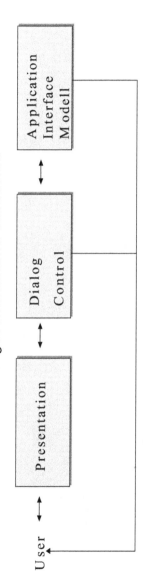

Quelle: Bertram, Joachim: Objektorientierte Modellierung von Multimedia Anwendungen, Modellierung von Benutzungsschnittstellen, 1998, S.6

Abb. 16: Dialogkontrolle, Applikationsschnittstelle und Präsentation

Seeheim Modell

- Dialog Control
  - erhält die Eingaben des Benutzers
  - entscheidet über die weitere Bearbeitung
  - fordert die entsprechenden Dienste der Applikation an
- Application Interface Model
  - stellt das Interface zu den jeweiligen Routinen der eigentlichen Applikation dar
- Presentation
  - ist die eigentliche Darstellung des Programms, die Gestalt der Benutzungsschnittstelle

Quelle: Bertram, Joachim: Objektorientierte Modellierung von Multimedia Anwendungen, Modellierung von Benutzungsschnittstellen, 1998, S.7

Abb. 17a: Entscheidungsleiter bei überwachenden Tätigkeiten (nach Rasmussen 1986)

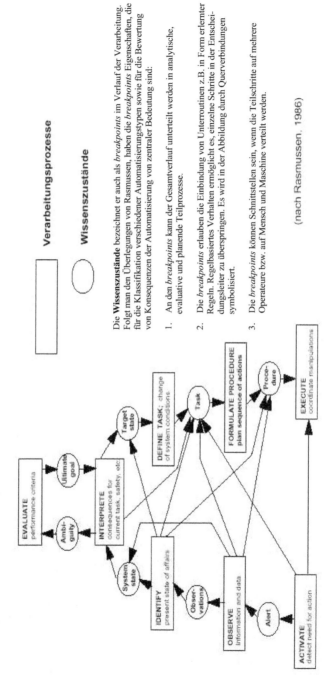

Verarbeitungsprozesse

Wissenszustände

Die **Wissenszustände** bezeichnet er auch als *breakpoints* im Verlauf der Verarbeitung. Folgt man den Überlegungen von Rasmussen, haben die *breakpoints* Eigenschaften, die für die Klassifikation verschiedener Automatisierungstypen sowie für die Bewertung von Konsequenzen der Automatisierung von zentraler Bedeutung sind:

1. An den *breakpoints* kann der Gesamtverlauf unterteilt werden in analytische, evaluative und planende Teilprozesse.

2. Die *breakpoints* erlauben die Einbindung von Unterroutinen z.B. in Form erlernter Regeln. Regelbasiertes Verhalten ermöglicht es, einzelne Schritte in der Entscheidungsleiter zu überspringen. Es wird in der Abbildung durch Querverbindungen symbolisiert.

3. Die *breakpoints* können Schnittstellen sein, wenn die Teilschritte auf mehrere Operateure bzw. auf Mensch und Maschine verteilt werden.

(nach Rasmussen, 1986)

Quelle: Kolrep, Harald: Klassifikation von Unterstützungssystemen aus kognitiv-psychologischer Sicht – Untersuchungen mit Experten und Anfängern in der Flugsicherung, 96- 3, S. 28

Abb. 17b: Drei Basistypen von Unterstützungssystemen

Wir gehen bei der Klassifikation von Unterstützungssystemen davon aus, dass die Evaluation, also der oberste Schritt in der Entscheidungsleiter, nicht vom Operateur sondern vom Systemdesigner oder vom Systembetreiber vorgenommen wird. Es lassen sich drei Typen von Automatisierung danach differenzieren, welche Einzelschritte in der Entscheidungsleiter von einem Unterstützungssystem und welche vom Menschen ausgeführt werden. In der Abbildung sind drei Basistypen dargestellt. Die maschinell erledigten Teilaufgaben

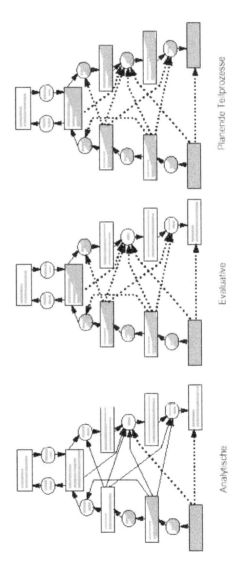

Analytische   Evaluative   Planende Teilprozesse

Quelle: Kolrep, Harald: Klassifikation von Unterstützungssystemen aus kognitiv- psychologischer Sicht – Untersuchungen

Abb. 18: Tätigkeitsmodell von Leontjew

Die hierarchische Tätigkeitskonzeption nach Leontjew, 1979

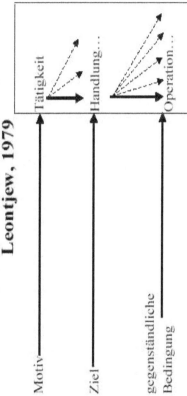

- Tätigkeiten sind gekennzeichnet durch die sie initiierenden Motive
- Handlungen sind Prozesse, die bewußten Zielen untergeordnet sind
- Operationen hängen unmittelbar von den Bedingungen zur Erlangung des konkreten Ziels ab
- keine Tätigkeit ohne Motiv, keine Handlung ohne Ziel; Tätigkeiten realisieren sich in Handlungen; ein und dieselbe Handlung kann aber verschiedenen Tätigkeiten zugewiesen sein
- für die arbeitspsychologische Analyse von Handlungen ist es bedeutsam zu erkennen, welchen Tätigkeiten die Handlungen jeweils zugeordnet sind

Quelle: Ulich, Eberhard: Script zur Arbeitspsychologie, Münster 1998, S. 19 und Vorlesung: Einführung in die Organisations- und Marktpsychologie (Boos), Sitzung vom 19.11.2001, Produktivität (Individuum, Arbeit), S.11

Abb. 19: Gestaltungssätze nach Balschek

Darstellung	Inhalt
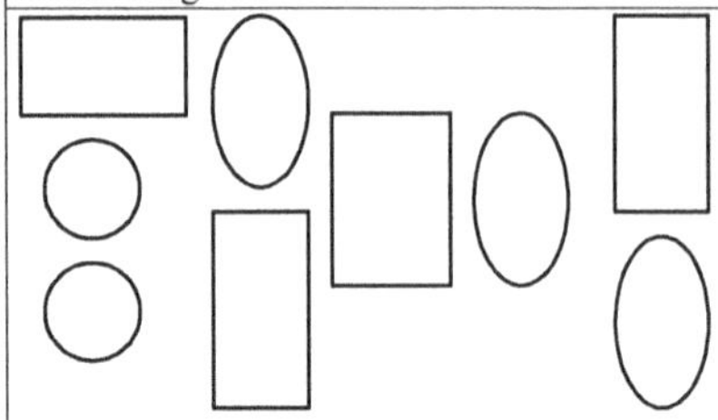	**Gesetz der Nähe** • Benachbarte Formen werden als zusammengehörend empfunden.
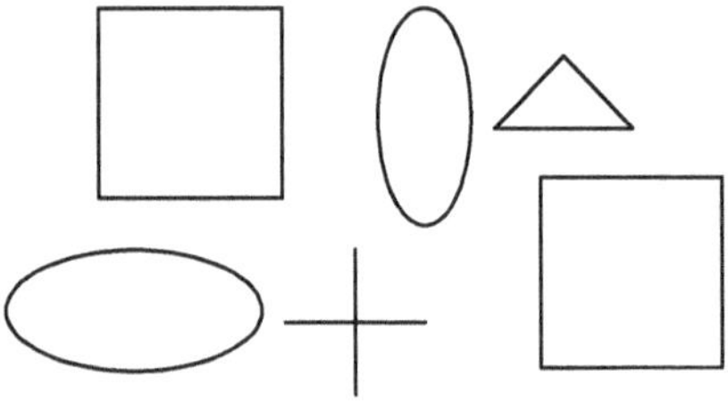	**Gesetz der Gleichheit** Gleiche Formen wie Quadrate im Bild werden auch dann als zusammengehörend empfunden, wenn zwischen ihnen ein Abstand besteht oder sie nacheinander gesehen werden.
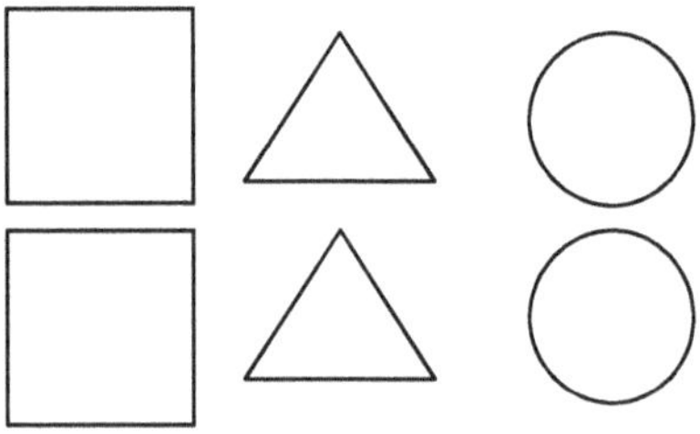	**Gesetz der Geschlossenheit** Geschlossenen Formen wie Quadrate, Kreise und Vielecke sind dominant und werden schnelle erkannt als offenen Formen
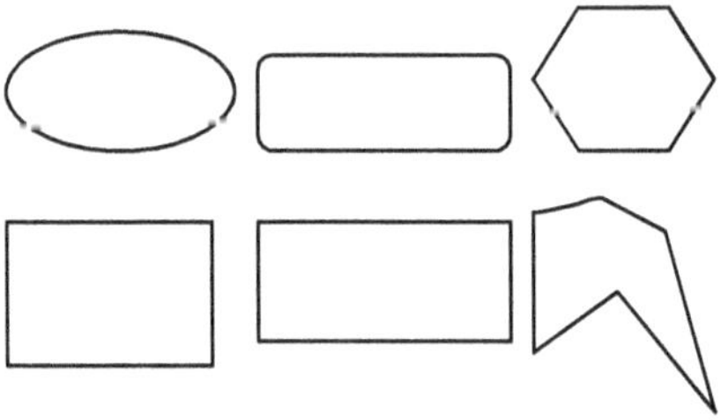	**Gesetz der guten Form** Runde, regelmäßige und konvexe Formen werden gegenüber eckigen, unregelmäßigen und konkaven bevorzugt.

Quelle: In Anlehnung an G. Balschek: Mensch- Maschine- Kommunikation. In: P. Rechenberg, G. Pomberger(Hrsg.): Informatik- Handbuch, München, Wien 1999, 2. Aufl., S. 793 und Herczeg, Michael: Software- Ergonomie, a.a.O., S. 58 ff.

Abb. 19a: Multimodale Interaktion?

Als Synonym der eigentlichen Mensch- Computer-
Interaktion kann die **Benutzerschnittstelle** verstanden
werden.

Quelle: Brauer, Sebastian/Huffstadt, Karsten: Human Computer- Interaction,
Seminararbeit 2001

Abb. 19b: Treemaps (Baumkarten)

Diese auf den ersten Blick neu erscheinende Visualisierungstechnik vermag eine
vollständige Nutzung des zur Verfügung stehenden Bildschirmbereichs zu
gewährleisten.

Sie war zunächst entwickelt worden, um große Verzeichnisstrukturen von Festplatten
abzubilden, ermöglicht allerdings die Darstellung beliebiger streng hierarchischer
Informationsstrukturen.

Zur Erklärung, wie Baumkarten aus einer hierarchischen Informationsstruktur gebildet
werden, wird hier die Umsetzung an einer Beispielhierarchie illustriert. Dazu wird eine
vergleichsweise kleine Hierarchie benutzt.

Festplattenhierarchie im Windows Explorer 98

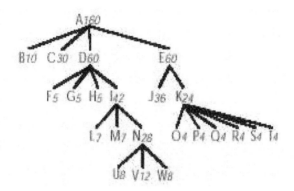

Hierarchiebaum

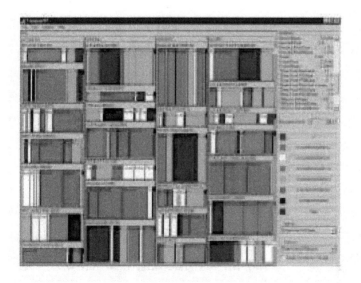

Baumkarte

Quelle: http://www.cs.umd.edu/projects/hcil/Research/treemaps.html vom 15.02.02
und Wiechert, Holger: 3D-Visualisierungstechniken zur Navigation in
Hypertextstrukturen - Eine vergleichende Bewertung nach software- ergonomischen
Kriterien, Paderborn, 1998, S. 47 f.

Abb. 20a: Arten von Metaphern

1. DESKTOPMETAPHER	**Desktop-Metapher**
2. KARTEIKARTENMETAPHER	**Karteikartenmetapher**

Quelle: Schneider- Hufschmidt, Mathias: Entwurf ergonomischer Benutzeroberflächen, 2001, Siemens AG, S. 24-25

Abb. 20b: Piktogramme, Ikonen

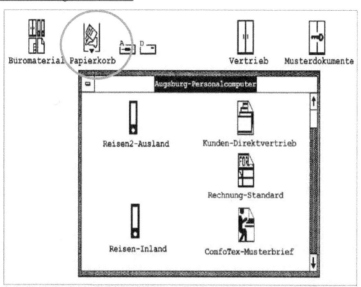

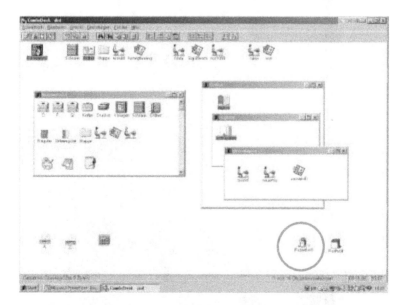

Quelle: Krause, Jürgen: Grundlagen der Software- Ergonomie, Institut für Informatik, Universität Koblenz/Landau 2001, S.56- 57

Abb. 21: Desktop Architekt von MS Windows 98

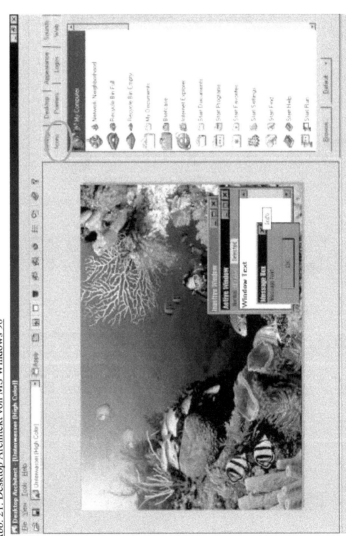

Abb. 22: Photo Creations Design Studio

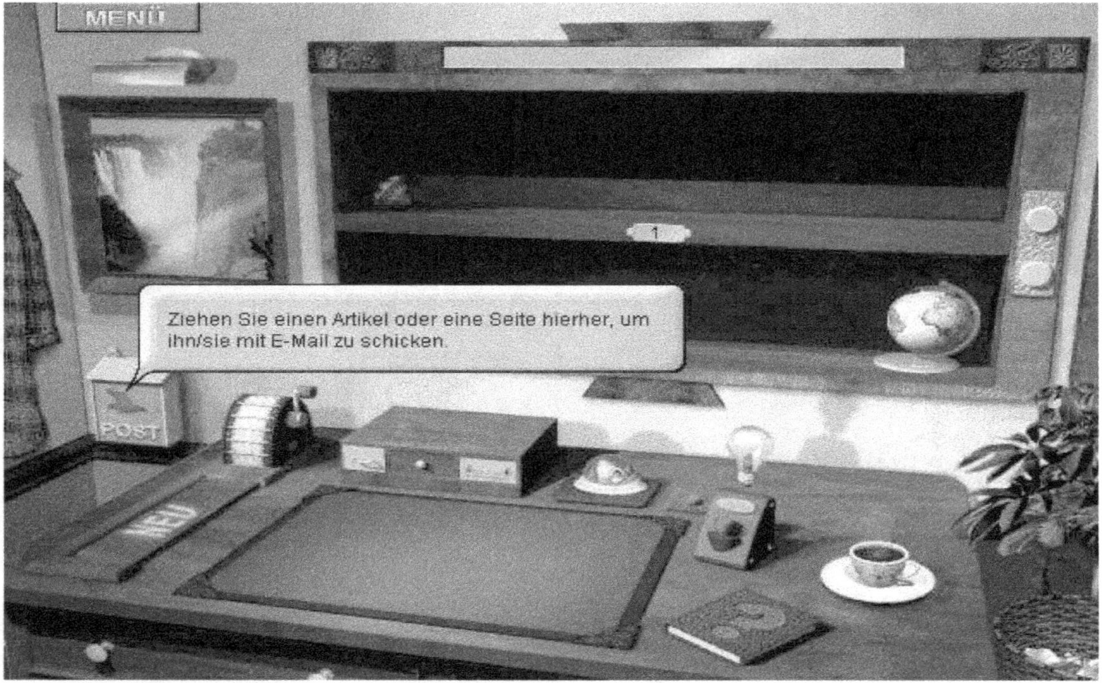
MENÜ
1
Ziehen Sie einen Artikel oder eine Seite hierher, um ihn/sie mit E-Mail zu schicken.
POST

Quelle: Eigene Erstellung

Abb. 23a: Hierarchische Baumstruktur

Der gesamte Karteikartenbestand wird in einem **Verzeichnisbaum** gegliedert.
Ähnlich wie Sie es aus Windows gewohnt sind, verwalten Sie Ihre Dateien
hierarchisch. Das bedeutet, Sie können Verzeichnisse (Ordner) und
Unterverzeichnisse erstellen und bereits vorhandene Ordner an andere Positionen in
der Baumstruktur verschieben.
Die mitgelieferten Karteikarten sind **nach Rechtsgebieten** sortiert. Entsprechend der
Gesetzesstruktur kann ein Ordner entweder Unterordner oder aber Karteikarten
enthalten. Mit dieser **hierarchischen Baumstruktur** haben Sie eine Übersicht über
alle vorhandenen Rechtsgebiete. Sie haben so zu jedem speziellen Themengebiet
einen **guten Überblick** über Ihre Karteikarten.

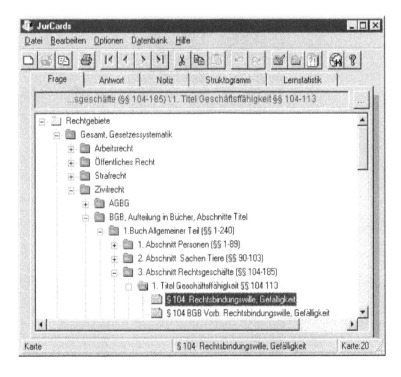

Quelle: http://www.ilan-software.de/JCTreeView.htm vom 05.03.02

Abb. 23: Tabellenkalkulator MS Excel

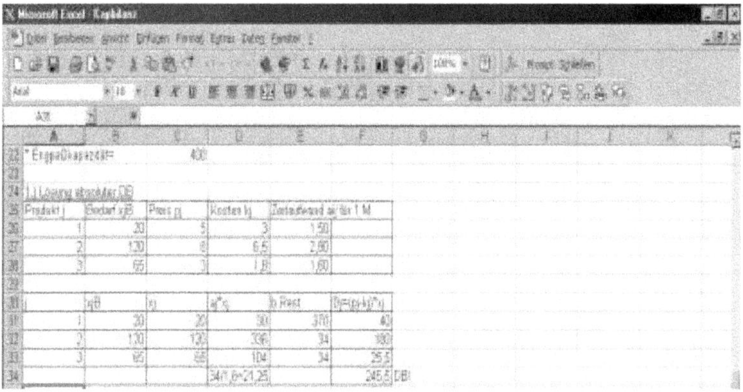

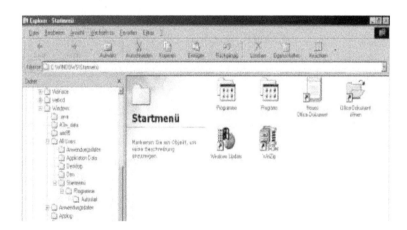

Abb. 24: Hierarchische Baumstruktur des Windows- Explorers

Quelle: Eigene Erstellung

Abb. 25: Hypergraphen, Eulersche Kreise und Venn Diagramm

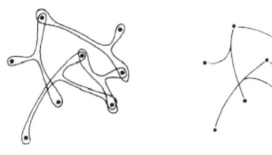

Graphical Representation of
Hypergraphs

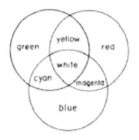
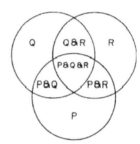

Applications of Euler Circles, or
Venn Diagrams

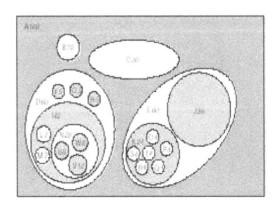

Quelle: Harel, David: On visual formalisms in: Communications of the ACM, May
1988, Volume 31, Number 5

1 The psychopathology of everyday things

Der menschliche Verstand sucht nach Sinn ⇒ schon beim kleinsten Hinweis wird nach Erklärungen und Verstehen gesucht.

Gut designte Objekte sind einfach zu interpretieren und zu verstehen: sie enthalten sichtbare Hinweise auf ihre Verwendung.

Schlecht designte Objekte sind schwierig und frustrierend in ihrer Benutzung: Sie enthalten entweder keine oder falsche Hinweise ⇒ der Benutzer wird getäuscht und der normale Prozess der Interpretation und des Verstehens wird behindert.

Beispiel 1 *Türen*
bei einer Tür geht es nur um zwei Fragen:
- *In welcher Richtung ist sie beweglich?*
- *Auf welcher Seite ist sie bedienbar?*

Diese Fragen sollten durch das Design der Tür beantwortet werden, ohne dass Worte oder Symbole nötig sind und ohne, dass man es durch Versuch und Irrtum herausfinden muss.

Schlechtes Design bei Türen: kein sichtbarer Öffnungsmechanismus, keine sichtbaren Scharniere, Grenzen der Tür sind nicht sichtbar

Gutes Design bei Türen: Griffe bei Doppeltüren sind auf der Seite, auf der sie geöffnet werden können, näher beieinander, vertikale Platte auf der Seite, die gedrückt werden soll, nichts auf die Seite, die gezogen werden soll, die Türrahmen sollten sichtbar sein,

Eines der wichtigsten Prinzipien des Designs **Sichtbarkeit**
Die richtigen Teile müssen sichtbar sein, und sie müssen die richtige Information geben.

Welche Teile sind beweglich/Bedienungselemente, wie sollten sie bedient werden, wie soll der Benutzer mit dem Gerät interagieren

Sichtbarkeit bedeutet das Mapping zwischen intendierten Aktionen und aktuellen Operationen

⇒ am besten: natürliche Signale, die die Bedienung vorgeben
Vorteile natürlicher Signale: natürlich interpretierbar, man muss sich ihrer nicht bewusst sein

Benutzung natürlicher Signale = natürliches Design
⇒ deutliche Unterscheidung zwischen einzelnen Teilen muss möglich sein

wenn Dinge sichtbar sind, ist ihre Benutzung leichter

Mapping: Zwischen dem, was man tun möchte und dem, was möglich zu sein scheint.
Technische Bezeichnung für die Beziehung zwischen zwei Dingen, in diesem Fall zwischen Schaltern und ihren Bewegungen und den Resultaten in der Welt

natürliches Mapping: Macht sich physikalische Analogien und kulturelle Standards zunutze, führt zu sofortigem Verstehen
manche natürlichen Mappings sind kulturell oder biologisch (z.B. universeller Standard, dass steigendes Level größere Menge, fallendes Level: geringere Menge impliziert)
Menge und Lautstärke (genauso wie Gewicht, Linienlänge, Helligkeit): additive Dimensionen: gib etwas hinzu, um Steigerungen anzuzeigen
Pitch (ähnlich wie Geschmack, Farbe und Anordnung): substitutive Dimensionen: ersetze einen Wert durch den anderen, um eine Veränderung herbeizuführen
Die Beziehung zwischen Kontrollschaltern und Aktionen sollte dem Benutzer klar sein

Die Ebenen der Ausführung: stages of execution
drei Ebenen, die aus dem Ziel resultieren:
- Intention
- Handlungssequenz
- Ausführung

Die Ebenen der Evaluation: stages of evaluation
- erkennen, was in der Welt passiert ist
- Interpretation des Wahrgenommenen
- Vergleich zwischen dem, was gewollt war und dem, was passiert ist ⇒

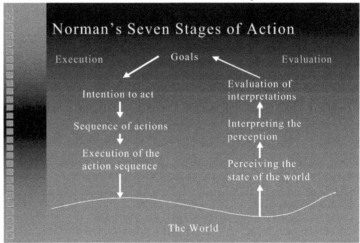

Quelle: http://rpssg3.psychologie.uni-regensburg.de/stroehle/normand/norman.html
Vom 18.02.02

Abb. 27: Donald A. Normans Design- Grundsätze

1. Das Wissen im Kopf und das Wissen in der Welt nutzen.
2. Die Struktur der Aufgaben vereinfachen.
3. Die Dinge sichtbar machen.
4. Das richtige Mapping finden.
5. Sicherstellen, dass der Benutzer eine Verbindung herstellen kann, zwischen:

Intention und Handlungssequenz

Handlungen und ihren Auswirkungen

Wahrnehmung und Systemzustand

Interpretiertem Systemzustand und Zielen

6. Die Macht der Einschränkungen nutzen.
7. Mögliche Fehler berücksichtigen.
8. Wenn das alles nichts hilft: Konsistenz und Einhaltung von Standards.

Quelle: In Anlehnung an www.umlforum.com/zippdf/norman2.ppt vom 18.02.02

Abb. 28: Die sieben Stadien des Handelns (Norman)

Die sieben Ebenen der Ausführung: Seven Stages of Action
1. Bildung des Ziels
2. Bildung der Intention
3. Spezifizierung der Handlung
4. Ausführung der Handlung
5. Wahrnehmung des Zustandes der Welt
6. Interpretation des Zustandes der Welt
7. Evaluation des Ergebnisses

⇒ approximatives Modell
kontinuierliche Feedback-Schleife, in der die Resultate einer Aktivität zu neuen Aktivitäten führen

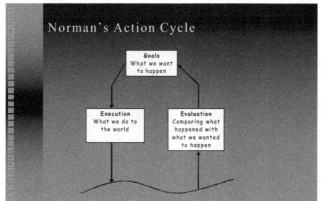

Quelle: http://rpssg3.psychologie.uni-regensburg.de/stroehle/normand/norman.html vom 18.02.02

Abb. 29: Interaktion, Interaktionsakte und direktes Feedback

Interaktion wird allgemein als ein sequentieller Austausch von Interaktionsakten zwischen Interaktionspartnern betrachtet, wobei vereinfachend von zwei Interaktionspartnern I (1) und I (2) ausgegangen werden soll, die jeweils über einen Sensor- und Effektorkanal verfügen sollen.

Ein Interaktionsakt, der von I (1) ausgeht, besteht aus drei bzw. vier Komponenten. Am Anfang der sequentiellen Ereignisse, die einen Interaktionsakt definieren, steht eine Veränderung des Zustandes des Effektors von I (1), der mit E (1) bezeichnet werden soll. Diese Zustandsänderung verursacht eine Veränderung eines Übertragungsmediums M, in dessen Folge es zu einer Veränderung des Zustandes des Sensors S (2) des zweiten Interaktionspartners I (2) kommt.

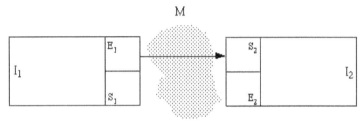

Die Veränderung des Übertragungsmediums bewirkt gleichzeitig eine Veränderung des Sensors S (1) des Auslöserindividuums I (1) des Interaktionsaktes, wodurch es zu einem direkten Feedback kommt.

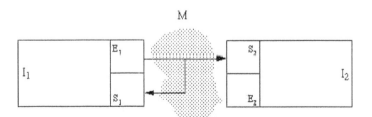

In Analogie zu dem Interaktionsakt als E (1) -> M ->S (2) lässt sich ein Kommunikationsakt definieren, indem zusätzlich eine Bewertungsfunktion hinzukommt:

$$E (1) -> M -> S (2) -> B (2).$$

Alternativ kann·der Veränderung des Effektors von (I)2 als Bestandteil eines Kommunikationsaktes hinzugenommen werden:

$$E (1) -> M -> S (2) -> B (2) -> E (2),$$

mit der Folge, dass sich zwei nachfolgende Kommunikationsakte im Effektorbereich überlappend sind.

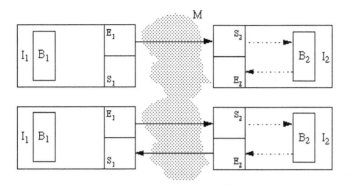

Im Rahmen einer Kommunikation mit zwei Partnern stellen sich einige prinzipielle Fragen, die sich auf die Objekte und die Anzahl der Objekte beziehen, die bewertet werden, sowie auf den Grad der Symmetrie, die in einer Kommunikation vorhanden sein sollte.

1) Müssen alle Interaktionsakte, die ein Interaktionspartner registriert, durch ihn bewertet werden, oder genügen Teilmengen.

2) Stellen einzelne Interaktionsakte das Objekt der Bewertung dar, oder können Aggregationen bewertet werden, mit der Folge, dass Formen von Speichern, wie z.B. sensorische Speicher, in die Struktur der Interaktionspartner aufgenommen werden müssen.

3) Müssen beide Partner einer Kommunikation über eine Interpretations- bzw. Bewertungsfunktion verfügen, oder genügt es, wenn einer der Partner Kommunikationsakte und der andere Interaktionsakte ausführen kann, d.h. darf eine asymmetrische Verteilung der Verarbeitungsstrukturen vorliegen.

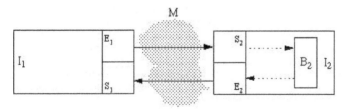

Quelle: http://www.ubic.com/Trance-Art/Evo-Kunst/Evo-Kunst-Beschreibungen/EvoKunst+Kommunikation.html vom 19.02.02

Abb. 30: Interaktivität oder Interaktion: Der Verlust von Begrifflichkeit

Thomas Schmutz (thomas.schmutz@lettres.unine.ch)

Mitte der siebziger Jahre tauchten in den Elektronikfachgeschäften die ersten Fernseher mit Fernbedingung auf. Von diesem Moment an war die Welt ein schönes Stück einfacher geworden. Der schwarze Kasten mit Bildschirm gehorchte nun vom Sofa aus. Von *Interaktivität* sprach damals noch niemand. Die Kommunikation war in beide Richtungen einseitig und die Sendungen blieben trotz 'zappen' im Ablauf und im Inhalt gleich. Erst längerfristig konnten die Betreiber und Sendemacher auf schlechte Einschaltquoten reagieren. Der Zuschauer seinerseits konnte lediglich den Kanal wählen. In der Zwischenzeit sitzt eine neue Generation einiges näher beim Bildschirm und steuert eine handliche Maus über eine sanfte Matte. Aktivierbare Schriftzüge, die Hyperlinks, und einladende Bilder sowie optische Signale laden zum elektronischen Spaziergang ein. Vielgenanntes Schlagwort ist in diesem Zusammenhang die *Interaktivität*. CD- Roms werden als *interaktiv* bezeichnet und zwischen dem Benutzer und der Maschine geschehe *Interaktion*. Mit der gleichen Terminologie werden unzählige Angebote auf dem Internet bezeichnet.

Um die Begriffe *Interaktion* und *Interaktivität* entstand ein mystischer Schleier ungeahnter, neuer Möglichkeiten der Kommunikationstechnologie, an den sich eine Reihe von Missverständnissen und unerfüllte Erwartungen knüpfen. Das Problem ist die unpräzise Vorstellung von dem, was *Interaktion* und *Interaktivität* sein könnte. Die Chance, ein gemäßigtes und funktionales Vokabular zu bilden, hat die Multimedia-Industrie verpasst. Stattdessen sieht sich der Internet und CD-Rom Benützer in den einschlägigen Handbüchern mit einer Vielzahl von ihm in den meisten Fällen wenig bekannten Schlagwörtern und Anglizismen konfrontiert. Und wenn gewisse Begriffe vertraut erscheinen, so werden sie im multimedialen Reich vielleicht ganz anders verwendet. So geschah es zumindest beispielhaft mit dem Multimedia-Schlagwort schlechthin – der *Interaktivität*. Bezeichnend, dass viele Multimedia, Internet und CD-Rom Führer auf dem Markt sind, in deren Sachregister der Leser die Begriffe *Interaktion* und *Interaktivität* umsonst sucht. Überraschend, dass auch neuere Publikationen zum Thema Internet in ihrem Index die Begriffe Interaktion, interaktiv oder *Interaktivität* nicht aufführen[1]. Andere Publikationen begnügen sich mit Erklärungen, die keine sind. So liest man zum Beispiel in *Multimedia-Technologie. Einführung und Grundlagen* im Kapitel *Dokumente* unter dem Stichwort *Interaktivität*: «Insbesondere ist bei kontinuierlichen Medien die *Interaktivität* zu berücksichtigen. Das Dokument ist nicht nur ein Papier; der lineare Bearbeitungsprozess wird immer stärker zu einem interaktiven Bearbeitungsprozess[2]. Der Begriff *Interaktivität* wird nicht erklärt, sondern erklärend eingesetzt. Seine genaue Bedeutung nicht erarbeitet, die an *Interaktivität* geknüpften Erwartungen nicht besprochen. Ermutigend sind die Erläuterungen in *Multimedia. Einstieg in eine neue Technologie*. Dort finden sich die Stichworte *Interaktion* und *interaktives Fernsehen*, auch eine *Interactive Multimedia Association* ist aufgeführt. Der Begriff *Interaktion* wird unter dem Kapitel *Interaktivität und erweiterte Möglichkeiten. Nutzen interaktiver Programme* abgehandelt[3]. Der Autor, Bernd Steinbrink, stellt zuerst fest, dass bei Diskussionen, die Vor- und Nachteile konventioneller Medien mit Multimedia-Anwendungen vergleichen, die Möglichkeit der *Interaktion* als Vorteil der neuen Technologie (an)gepriesen wird. Der Begriff wird also positiv besetzt, seine Funktionalität geht weiter über den beschreibenden Charakter hinaus. Steinbrink fährt treffend fort: «Das Wort 'Interaktivität' wird gerade im

Zusammenhang mit Multimedia-Systemen oft strapaziert, häufig werden damit nur einfache Auswahlformen beschrieben, die ein Programm erlaubt. Einfache Formen der Interaktivität sind allerdings auch in vielen traditionellen Medien vorhanden. Wer etwa das Inhaltsverzeichnis einer Zeitschrift nutzt, um einen bestimmten Artikel zu suchen und die Seite nachschlägt, veranlasst zwar nicht das Medium, interaktiv zu reagieren, er handelt aber in gewisser Weise auch interaktiv [...]»[4].Die in einer Klammer angefügte Frage des Autors, inwiefern der Begriff *Interaktivität* in diesem Zusammenhang überhaupt als sinnvoll erscheinen mag und ob er nicht bloß als wohlklingende Worthülse verwendet wird, ist äußerst berechtigt. Tatsächlich decken sich diese lapidare Auffassung von *Interaktivität* und das zu inflationär verwendete Adjektiv *interaktiv* mit den allgemeinen Erklärungen in der Multimedia-Literatur. So liest man beispielsweise in *Multimedia. Einsteigen ohne auszusteigen*: «Als 'interaktiv' bezeichnet man eine Multimedia-Anwendung beziehungsweise – Präsentation, wenn der Ablauf durch den Anwender beeinflusst werden kann – zum Beispiel durch eine Auswahl aus einem Menü mit verschiedenen Optionen oder durch andere Eingaben, auf die der Computer dann entsprechend reagiert[5]. » *Interaktivität* bezeichnet also eine technische Eigenschaft. Befriedigende *Interaktivität* am Computer ist messbar an der Anzahl sowie an der Komplexität der Optionen, die auf einen bestimmten Mausklick folgen. Dass diese Eigenschaft durchaus sinnvoll sein kann und eine eigene Bezeichnung verdient, beweisen die vielen CD-Rom und Online Kataloge, deren Suchmaschinen teilweise hochkomplizierte Abläufe gemäß individuellen Wünschen ausführen[6]. Doch – um jetzt etwas genauer zu fragen – geschieht bei der Benützung einer *interaktiven* Anwendung auch *Interaktion*? Die Verwirrung beginnt. Lässt man den Begriff *Interaktivität* für die Bezeichnung einer technischen Eigenschaft der Multimedia-Anwendung stehen, so wäre es wohl am sinnvollsten, den komplexen und hauptsächlich von den Sozialwissenschaften definierten Begriff *Interaktion* nicht synonym zu *Interaktivität* und nur in seiner eindeutigen Bedeutung zu gebrauchen. Mit Absicht wird an dieser Stelle eine vollständige Definition des Begriffes *Interaktion* gegeben, damit der Kontrast zur als technischer Bezeichnung vorgestellten *Interaktivität* erkannt werde: "Als Interaktion bezeichnen wir ein wechselseitiges soziales Handeln von zwei oder mehr Personen, wobei jeder der Partner sich in seinem Handeln daran orientiert, dass der andere sich in seinem Handeln auf das vergangene, gegenwärtige oder zukünftige Handeln des ersteren bezieht. Zur Interaktion gehört ferner ein Konsens über ein gemeinsames unmittelbares Handlungsziel. Interaktion bedarf des Informiertseins über die Intentionen des jeweils anderen. Deswegen findet in der Regel Kommunikation statt. Auf sie kann aber verzichtet werden, wenn alle Partner hinlänglich über die jeweiligen Intentionen des anderen Bescheid wissen[7]." Bezeichnend bei dieser ausführlichen Definition, dass *Interaktion* auf den Begriff des sozialen Handelns gestützt wird, ein Handeln also, dass ausschließlich zwischen Menschen möglich ist. Unter sozialem Handeln versteht der bekannte Soziologe M. Weber " [...] ein solches Handeln, welches seinem von dem oder den Handelnden gemeinten Sinn nach auf das Verhalten anderer bezogen wird und daran in seinem Ablauf orientiert ist[8]." Dass sich dieses Verständnis von *Interaktion* auf die Beziehung zwischen dem Benützer und seiner Multimedia-Anwendung nicht einfach übertragen lässt, ist offensichtlich. Wenn die technische Entwicklung in absehbarer Zeit und für ein breites Publikum weit komplexere Anwendungen zur Verfügung stellen wird, die phänomenologisch mit *Interaktion* im oben genannten Sinne vergleichbar sind, so gilt es diese Diskussion in den Sozialwissenschaften unter den Vorzeichen der künstlichen Intelligenz genauer zu diskutieren. Der CD-Rom sind in dieser Hinsicht im Moment noch klare Grenzen gesetzt.

Es stellt sich die Frage, ob *Interaktivität* nicht einfach und verständlich mit *Abrufbarkeit* gleichzusetzen ist. Äußerst spannend wäre die Möglichkeit neue Information auf die CD-Rom speichern zu können. Weiter denkbar wäre sogar ein intelligentes Datenverarbeitungsprogramm, das die neue Information nach Stichworten und Eigenschaften integriert sowie mit den bestehenden Kategorien und Inhalten automatisch verknüpfen würde.

Dass eine wesentliche Qualität der CD-Rom-Technik die *Interaktivität* im Sinne der *Interaktion* sein soll, führt einerseits zu falschen und übertriebenen Erwartungen der Benützer und andererseits zu einer Vereinfachung unserer Vorstellungen von zwischenmenschlichem Austausch, sozialem Handeln oder eben *Interaktion*. War der Bezugsrahmen bisher die *Interaktion* zwischen zwei Menschen, so verschiebt sich der Ausgangspunkt für dieses Begriffsverständnis im alltäglichen Sprachgebrauch zur Benützung von Internet und CD-Rom. Müsste eine CD-Rom die Erwartungen erfüllen, die wir beispielsweise an die tägliche *Interaktion* mit unseren Arbeitskollegen stellen, so ist noch ein gewaltiger, beinahe unvorstellbarer technischer Fortschritt nötig. 'Echte' *Interaktion* in diesem Sinne ist beim Gebrauch der CD-Rom ausgeschlossen. Diese Feststellung relativiert auch die vieldiskutierte Annahme, dass der allgemein beklagte Verlust an Motivation beim Lernen und Lesen mit den *interaktiven* Möglichkeiten der Computer aufgefangen werden könnte. Dies dürfte nur möglich sein, wenn die Produkte intelligent gestaltet sind und, anstatt 'echte' *Interaktion* zu simulieren, die spezifischen Qualitäten der technischen Möglichkeiten der *Interaktivität* nutzen. So gesehen kann und muss *Interaktivität* für die CD-Rom Produzenten zur Herausforderung werden. Ein vorsichtigerer und ehrlicher Umgang mit viel versprechenden Begriffen ist Voraussetzung einer erfolgreichen Nutzung dieses Mediums.

Anmerkungen

[1] Matthias W. Zehnder, *Surfen im Internet. Geschichte und Geschichten des Internets*, Kilchberg: Smart Books, 1997, pp. 354, 355.

[2] Ralf Steinmetz, Ralf, *Multimedia-Technologie, Einführung und Grundlagen*, Berlin, Heidelberg, New York, London, Paris, Tokyo, Hong Kong, Barcelona, Budapest: Springer, 1993, pp. 399.

[3] Bernd Steinbrink, *Multimedia. Einstieg in eine neue Technologie, Begriffsdefinitionen, Einsatzmöglichkeiten, Technische Voraussetzungen, Standardisierungen, Lösungen, Glossar*, München: Markt & Technik, 1992. Index, p. 505, Interaktivität und erweiterte Möglichkeiten, pp. 44-47.

[4] Steinbrink (wie Anm. 3), Index, p. 505, Interaktivität und erweiterte Möglichkeiten, pp. 44.

[5] Christian Spanik, Hannes Rügheimer, *Multimedia. Einsteigen ohne auszusteigen*, München: Markt & Technik, 1993, p. 448.

[6] Hans Paul Bahrdt, *Schlüsselbegriffe der Soziologie. Eine Einführung mit Lehrbeispielen*, 4. Aufl., München: C.H. Beck, 1990, p. 37.

[7] Bahrdt (wie Anm. 6), p. 35.

[8] Es handelt sich um die erste CD-Rom dieser Reihe. Welche weiteren Themen bearbeitet werden sollen, konnte nicht in Erfahrung gebracht werden.

Quelle: Schmutz, Thomas: Interaktivität oder Interaktion. Der Verlust von Begrifflichkeit auf: http://www.sagw.ch/members2/vkks/publications/others/Schmutz.htm am 25.02.02

Abb. 31: Ausführungs- Bewertungs- Zyklus

1. Entscheiden, was zu tun ist
2. Formulierung einer Absicht
3. Spezifikation einer Bedienhandlung
4. Ausführen einer Bedienhandlung
5. Wahrnehmen der Reaktion des Systems
6. Interpretation des Systemzustandes
7. Vergleich zwischen dem interpretierten Systemzustand und dem ursprünglichen Ziel

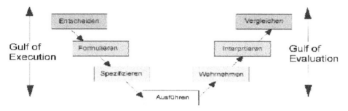

Diese Phasen werden in Abb. 31 in ihrer zeitlichen Sequenz dargestellt.

Dabei ist die erste und letzte Phase dem Benutzer zuzuordnen.

Die Phasen zwei und drei bereiten auf die Ausführung einer Handlung durch das System vor.

Nach der Ausführung wird das Ergebnis in verschiedenen Phasen ausgewertet.

Die letzte Phase, der Vergleich zwischen Ziel und erreichtem Ergebnis, ist damit wieder auf derselben Ebene wie die ursprüngliche Entscheidung. Da

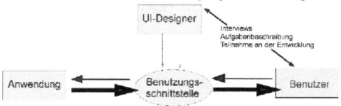

Bei der Kommunikation zwischen Menschen und Computer sind drei „Akteure`` zu betrachten. Ein *Entwickler* (oder ein Team) entwickelt ein Programm, das auf einem *Computer* abläuft und mit dem ein *Benutzer* (oder auch sehr viele Benutzer) später arbeiten. Sowohl der Entwickler als auch der Benutzer interagieren mit dem Computer, geben Informationen ein und erhalten Ausgaben in der Regel auf einem Bildschirm oder Drucker.

Quelle: http://www-cg-hci.informatik.uni-oldenburg.de/~airweb/Seminarphase/MarcWitte/html/node2.html#Label5 vom 19.02.02

Abb. 32: Interaction framework (Abowd/Beale)

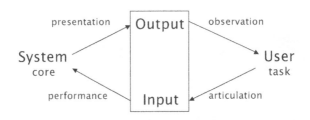

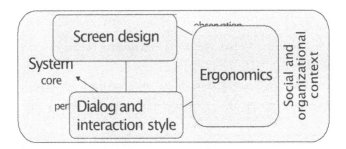

Fünf Stationen:

1. User (task)
2. Input
3. System (core)
4. Output
5. User

Quelle: Lin, Jimmy auf bmrc.berkeley.edu/courseware/cs160/spring99/Lectures/11-Midterm_Review/ review.ppt vom 25.02.02

Abb. 33: Deskriptive Interaktionsformen

Interaktionsform	Vorteile	Nachteile
Symbole Spezielle Ausprägung: neutral beschriftete Funktionstasten	Grundlage aller Sprachen... natürliches Grundkonzept Effiziente Repräsentation beliebig komplexer Objekte, Operatoren, Operationen Einfache Ein-/Ausgabe über Tastatur Bei der Verwendung von Funktionstasten nehmen die Symbole keinen Platz auf dem Bildschirm weg	Kein ersichtlicher Zusammenhang zwischen Symbol und repräsentiertem Objekt (Belastung des Gedächtnisses) Eigenschaften der Objekte nicht sichtbar Kulturell unterschiedlich und somit stark benutzerabhängig
Formale Sprachen Kommandosprachen (MS DOS, UNIX) Programmiersprachen (C++/...) signature POINT = sig structure Vector: VECTOR type point (* move a point along a vector *) val translate: point * Vector.vector - point (* the vector from a to b *) val ray: point * point - Vector.vector end Datenbankabfragesprachen (SQL...)	Effiziente Ein-/Ausgabe Formulierung komplexer Kontrollstrukturen Spezifikation beliebig vieler Datenstrukturen Maschinelle Spracherkennung möglich Ähnlich natürlicher Sprache	Hoher Lernaufwand Oft geringe syntaktische aber große semantische Unterschiede zwischen Ausdrücken Nicht für naive, unerfahrene Benutzer oder Gelegenheitsnutzer Feste Syntax • Wissen über Datenbankstruktur

SELECT [Adressen- Nr], [Vorname], [Nachname], FROM Adressen;		notwendig • Attribute müssen spezifiziert werden • Benutzergruppe: Experten
Job- Control- Languages z.B. Shell		
Natürliche Sprache (Hilfesysteme...) 	Auch für naive Benutzer Mächtig für jede Informationsvermittlung Benutzer haben keine Schwellenängste, fühlen sich dem System überlegen Kein Lernen einer formalen Sprache	Nur Teilmenge der Sprache verarbeitbar Nur Mikrowelten als Problembereich möglich Benutzer überschätzen Fähigkeiten der Systeme Komplexe Sachverhalte nur umständlich ausdrückbar Oft Mehrdeutigkeiten

Quelle: In Anlehnung an Atzenbeck, Claus: Grundlagen Software- Ergonomie, a.a.O., S. 14 f.

Abb. 34 a: Reihenfolge von Menüelementen

Regeln zur Reihenfolgebildung

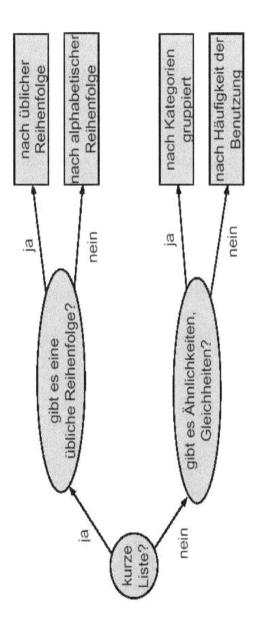

Gestaltungsrichtlinien zum Auswählen (choosing) und Organisieren der Optionen auf einer Menüfläche.

aus Helander, "Handbook of Human-Computer-Interaction". (1988). Amsterdam: North-Holland, S.217

Quelle: Herrmann, Thomas: Software- Ergonomie bei interaktiven Medien, 1999

Abb. 34: Entwurfsrichtlinien für Menüs

Die Menü- Struktur sollte aus der Aufgabenstruktur abgeleitet
werden. Sinnvoll gruppieren
* Breite Strukturen sind tiefen Strukturen vorzuziehen
* Max. 12 - 15 Elemente in einer Menüebene (trotz der "Magic number
  7 plus/minus 2")
Vertikale Darstellung ist einer horizontalen Darstellung vorzuziehen
Menüstrukturen nicht dynamisch verändern: grau einfärben von nicht
auswählbaren Elementen
Hilfemöglichkeiten vorsehen
Tastatursteuerung einplanen (Es muss auch ohne Maus gehen)
Shortcuts vorsehen, evtl. benutzerdefinierbar machen
Defaults vorsehen
Freie Navigation in Menüstrukturen vorsehen
Unterscheidung zwischen kontextspezifischen "Pop- Up"- Menüs und statischen,
immer sichtbaren Menüs
Nach Fitt's Law[1] gibt es eine sinnvolle Maximalanzahl von Elementen (dies definiert
den Abstand, den der Benutzer mit der Maus fahren muss) und eine minimale Größe
der in einem Menü auswählbaren Elemente.

Abb. 35: Gestaltungsformen von Menüs (ISO 9241 Part 14)

Codierung der Menüelemente (z.B. Text, Graphik, Farbe, Größe)

* Anordnung der Menüelemente (z.B. vertikal/horizontal, Mehrspaltig/mehrzeilig,
  Abstände, gegenseitig verdeckend, gruppierend)
* Verkettung von Menüs (kaskadierende Menüs)
* Darbietung großer Auswahlmengen (z.B. Menübäume, kaskadierte Menüs,
  scrollende Menüs)
* Reihenfolge der Menüelemente[2] (z.B. nach Wichtigkeit, Konventionen,
  anwendungsbedingte Reihenfolge, Häufigkeit der Auswahl, alphabetische
  Reihenfolge)
* Erscheinungszeitpunkt und Erscheinungsort (z.B. stationäre Menüs, Pop- Up-
  Menüs, Pull- Down- Menüs, Tear- Off- Menüs)
* Auswahlort als Einfachauswahl (single- choice) oder Mehrfachauswahl
  (multiple- choice)
* Art der Zeigehandlung (z. B. Auswahl mittels Maus oder Cursortastaturen)

Quelle: Schneider- Hufschmidt, Matthias: Entwurf ergonomischer Benutzeroberflächen,
a.a.O., S. 4- 3 und Herczeg, Michael: Software- Ergonomie, a.a.O., S. 93

---

[1] Vgl. Herczeg, Michael: Software- Ergonomie, a.a.O., S. 69 f.
[2] Vgl. Abb. 34a

Abb. 36: Menüarten (In vielen Oberflächen kommen mehrere Arten von Menüs gleichzeitig vor.)

Pop-Up-Menü	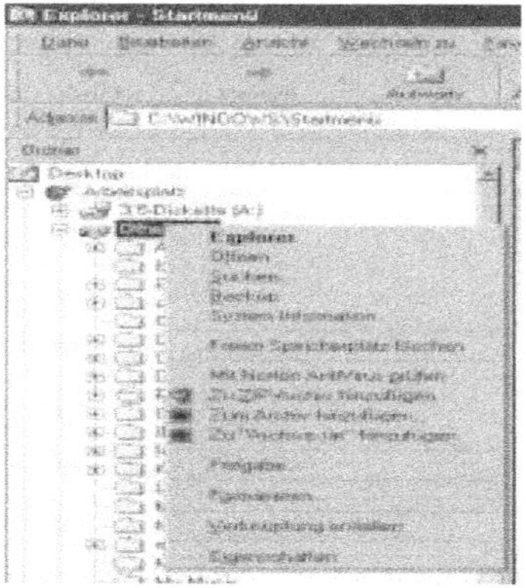

Pulldown-Menü	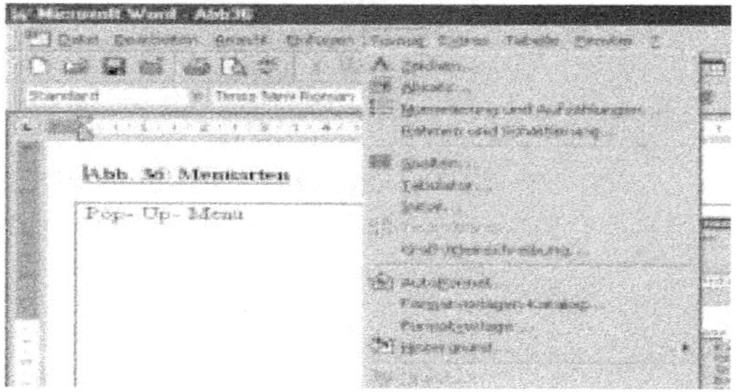

Statisches Menü

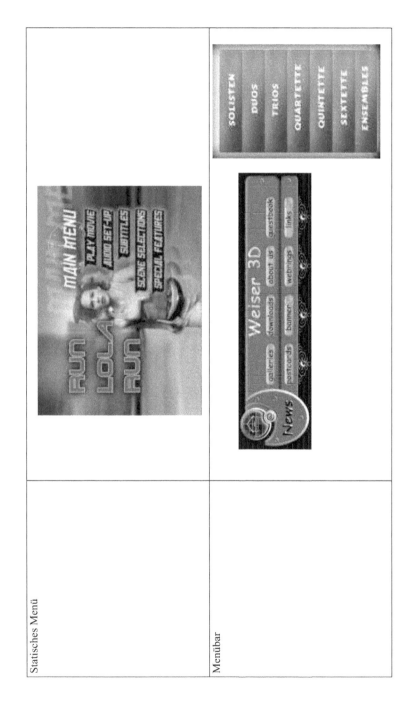

Menübar

Anhang 10

Kaskadierende Menüs	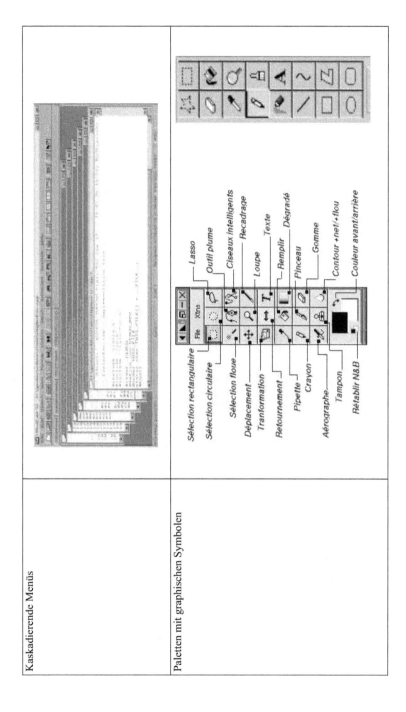
Paletten mit graphischen Symbolen	

Sélection rectangulaire
Sélection circulaire
Sélection floue
Déplacement
Tranformation
Retournement
Pipette
Crayon
Aérographe
Tampon
Rétablir N&B

Lasso
Outil plume
Ciseaux intelligents
Recadrage
Loupe
Texte
Remplir
Dégradé
Pinceau
Gomme
Contour +net/+flou
Couleur avant/arrière

Pie (Kuchen) - Menüs	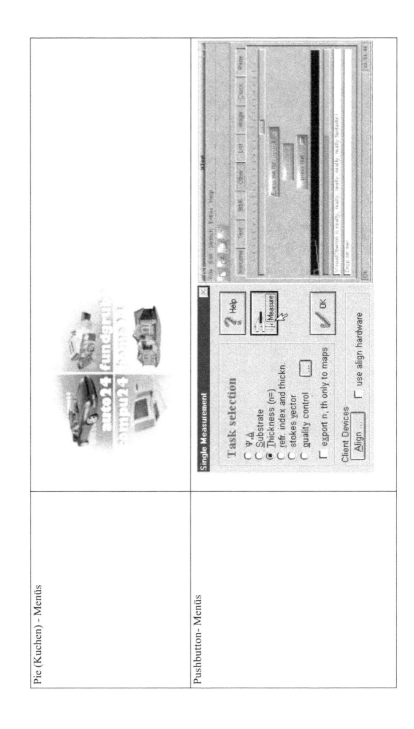
Pushbutton- Menüs	

Radiobutton- Menüs (1 aus n- Auswahl)

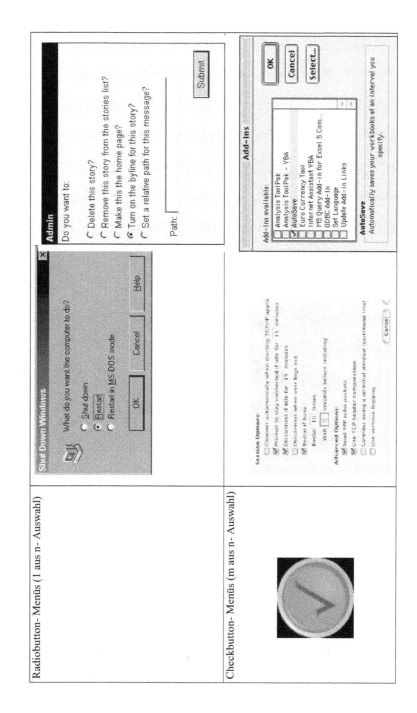

Checkbutton- Menüs (m aus n- Auswahl)

Option- Menüs	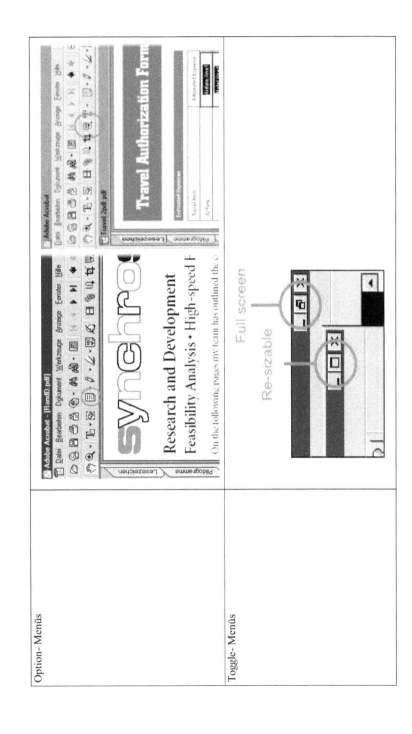
Toggle- Menüs	

Abb. 37: Deiktische Interaktionsformen

Interaktionsform	Vorteile	Nachteile
Menüs: (siehe Abb.34- 36)	• leicht erlernbar • wirken als Erinnerungshilfe • kaum syntaktische Eingabefehler möglich Anwendungsneutralität	• benötigen viel Bildschirmplatz • langsame Auswahl • nur für kleine Auswahlmöglichkeiten geeignet • Parametereingabe nur durch aufwendige Kaskadierung von Menüs möglich
Beschriftete Funktionstasten (siehe Abb.38)	• leicht erlernbar • wirken als Erinnerungshilfe • kaum syntaktische Eingabefehler möglich • Auswahl immer möglich • schnelle Auswahl Anwendungsneutralität	• keine Parametereingabe • erhöhen Komplexität der Tastatur • nur für kleine Auswahlmengen geeignet • gefährliche Automatismen möglich • tastaturabhängig ➔ schlecht portabel
Metaphorische Dialoge • direkte Manipulation, Rückkopplung via WYSIWYG • ideal bei objektorientierten Anwendungen (siehe Abb. 39)	• leicht erlernbar • Wissenstransfer aus anderen Wissensgebieten hohe Benutzerakzeptanz	• Bearbeitung großer Objektmengen aufwendig • Beschreibung von Kontrollstrukturen kaum möglich (z. B. Iteration, Suche) Benutzer überschätzen Fähigkeiten der Systeme
Netze manipulierbare Netze • Repräsentation von Beziehungen (Relationen) zwischen Arbeitsobjekten (siehe Abb. 38)	• bei wenigen Objekten übersichtlich direkte Manipulation möglich	• benötigen viel Bildschirmplatz • angemessenes automatisches Layout schwierig • Überschneidungen von Kanten unvermeidbar bei vielen Objekten oder Relationen unübersichtlich

Quelle: Eigene Erstellung in Anlehnung an Herczeg, Michael: Software-Ergonomie, a.a.O., S. 93 ff.

Abb. 38: Funktionstasten, Netze

Interaktion	Bild
Beschriftete Funktionstasten • Vorwiegend bei Spezialsystemen: CAD, Text- Systeme • Stationäres Menü mit sehr direkter Auswahltechnik (Finger als Zeigeelement) • Benutzer sieht den Tasten die Bedeutung direkt an • Keine Erinnerung wie bei neutral beschrifteten Funktionstasten (Symbolen) notwendig	
Netze Manipulierbar • Repräsentation komplexer Beziehungen (Relationen) zwischen Arbeitsobjekten • Spezielle Darstellung der Netzknoten: Visualisierung von Objekteigenschaften • Anwendung: Entwurf und Analyse • Heute: Bildschirme mit hoher Grafikauflösung machen diese Darstellungsweise vertretbar und realisierbar	

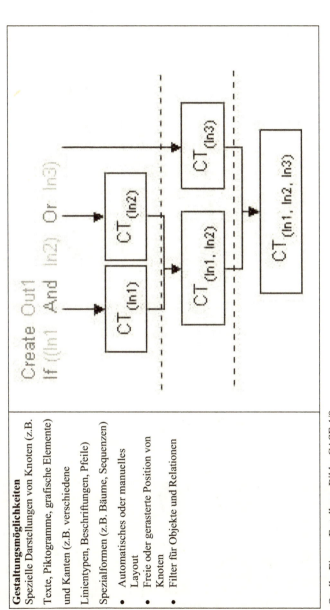

Gestaltungsmöglichkeiten
Spezielle Darstellungen von Knoten (z.B.

Texte, Piktogramme, grafische Elemente)

und Kanten (z.B. verschiedene

Linientypen, Beschriftungen, Pfeile)

Spezialformen (z.B. Bäume, Sequenzen)

- Automatisches oder manuelles
  Layout
- Freie oder gerasterte Position von
  Knoten
- Filter für Objekte und Relationen

Create Out1
If ((In1 And In2) Or In3)

CT (In1)   CT (In2)

CT (In1, In2)   CT (In3)

CT (In1, In2, In3)

Quelle: Eigene Erstellung, Bilder CASE 4/0

Abb. 39: Metaphorische Dialoge: Piktogramme, Icons, Desktop- Metapher, Instrumente und Diagramme

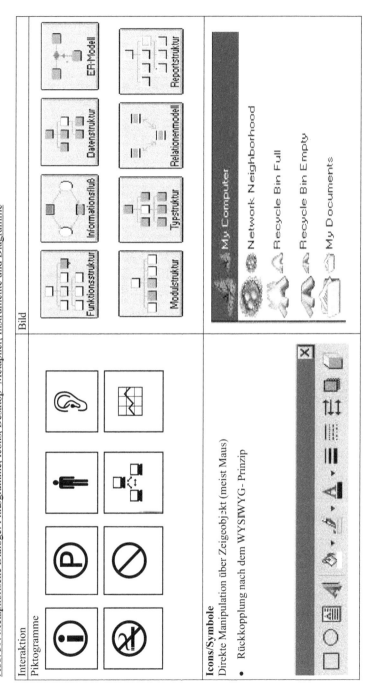

Interaktion	Bild
Piktogramme	
Icons/Symbole Direkte Manipulation über Zeigeobjekt (meist Maus) • Rückkopplung nach dem WYSIWYG- Prinzip	

Desktop- Metapher

Neben der Nachbildung von Büros werden auch technische Labors
nachgebildet

Einfache, realitätsnahe Darstellung der Arbeitsobjekte und Werkzeuge

- Generische und objektspezifische Operatoren

Instrumente

- Technische Instrumente zum Messen und Auswerten von Daten
  (Medizin)

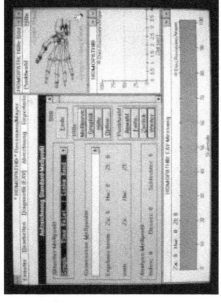

Ein- und Ausgabe numerischer Messwerte

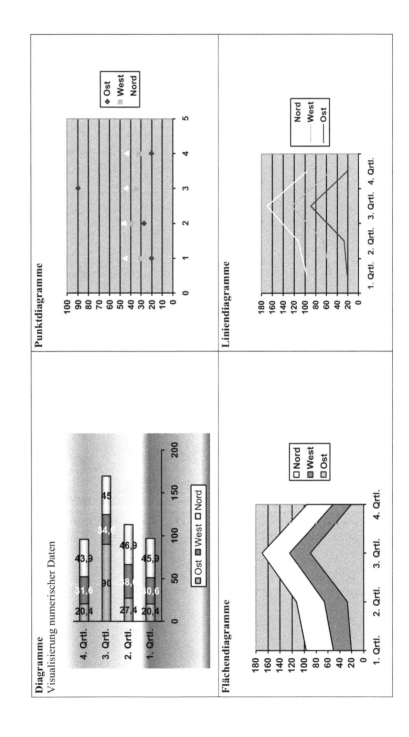

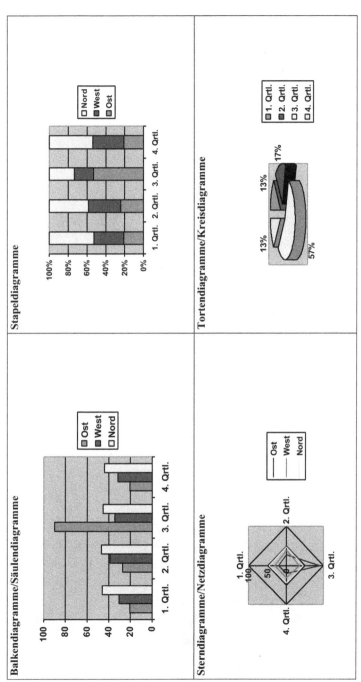

Balkendiagramme/Säulendiagramme

100
80
60
40
20
0

1. Qrtl. 2. Qrtl. 3. Qrtl. 4. Qrtl.

☐ Ost
■ West
☐ Nord

Stapeldiagramme

100%
80%
60%
40%
20%
0%

1. Qrtl. 2. Qrtl. 3. Qrtl. 4. Qrtl.

☐ Nord
■ West
☐ Ost

Sterndiagramme/Netzdiagramme

1. Qrtl.
100
50
0
2. Qrtl.
3. Qrtl.
4. Qrtl.

— Ost
— West
— Nord

Tortendiagramme/Kreisdiagramme

13%
13%
17%
57%

■ 1. Qrtl.
■ 2. Qrtl.
☐ 3. Qrtl.
☐ 4. Qrtl.

Quelle: Eigene Erstellung in Anlehnung an Wandmacher, Jens: Software- Ergonomie, a.a.O., S. 349 ff.

Abb. 40: Hybride Interaktionsformen

formularbasierte Benutzungsoberflächen bestehen i.d.R. aus (Beispiel Delphi 5.0):

- Fenstern, Eingabefeldern
- Beschriftungen
- Toggle- Buttons
- Radio- Buttons...

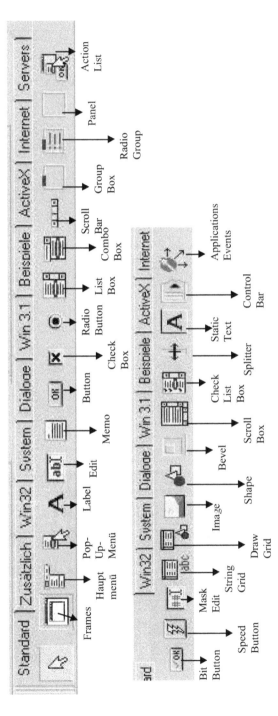

Abb. 41: Entwurfsregeln für Formulare

formularbasierte Oberflächen sind häufig aus Papier- Formularen abgeleitet:

Es gibt keine gute 1:1 Übersetzung vom Papier- Formular

- Aus Gründen der Wiedererkennung am Papier- Formular orientieren
- Konventionelle Ausfüllreihenfolge möglichst erhalten
- Änderungen nach vorangegangener Task- Analyse
- Keine feste Ausfüllreihenfolge erzwingen, nur vorschlagen
- Freie Navigation vorsehen
- Defaults vorgeben, wo möglich
- Korrekturmechanismen vorsehen
- Unnötige Felder verstecken, optional vorsehen
- Konsistenzprüfungen durchführen
- Berechenbare Werte selbst eintragen, keine unnötigen Benutzeraktionen
- Automatische Eingabevervollständigung vorsehen
- Vollständigkeitsprüfung vorsehen

Vor- und Nachteile

Vorteile:

- „Gewohnte" Interaktionsform
- hohe Anwendungsneutralität

Nachteile:

- benötigen viel Bildschirmplatz
- angemessenes automatisches Layout ist schwierig
- häufig momentan unwichtige Felder sichtbar

Quelle: Eigene Erstellung in Anlehnung an Herczeg, Michael: Software- Ergonomie, a.a.O., S. 101 und Schneider- Hufschmidt, Matthias: Entwurf ergonomischer Benutzeroberflächen, a.a.O., S. 6–8

Abb. 42: Arten von Formularen

Property Sheets Viele Attributfelder (oft als Textfelder gestaltet) Objektbeschreibun gen und Operationsbeschrei bungen mit eingeschränkten Wertebereichen der Attribute	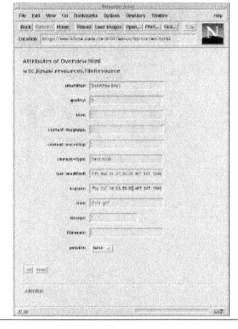

Option Sheets
• Viele
  Parameterfelder
  (oft als Menüs
  gestaltet)
	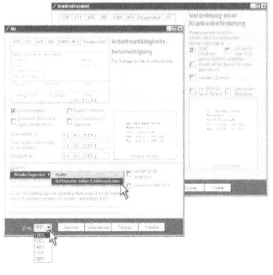

Menüs mit Texteingabe	
Kombination von Menüs und Textfeld oder mit unsichtbarer Texteingabe-möglichkeit • Somit auch durch deskriptive Tastatureingabe Zeigehandlung und Auswahl möglich • Vielfach Menüelemente durch-nummeriert und mit Kürzel markiert, Eingabe dieser Markierungen führt dann zur Auswahl • Eingabe für Textmenüs auch der eindeutig abgekürzte Text des Menüelements selbst • Benutzer kann auch Tastatur zur Eingabe nutzen	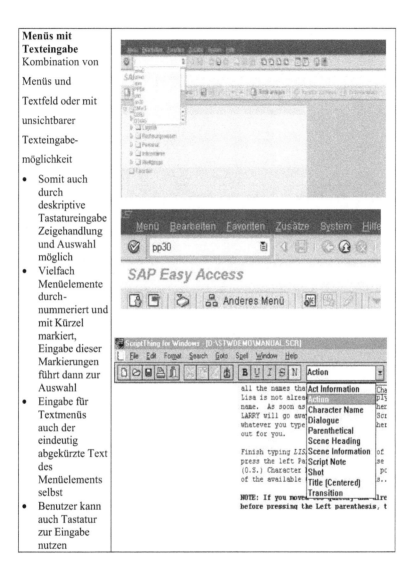

Quelle: Eigene Erstellung

Abb. 43: Aspekte der Funktion (Aufgabenstellung)

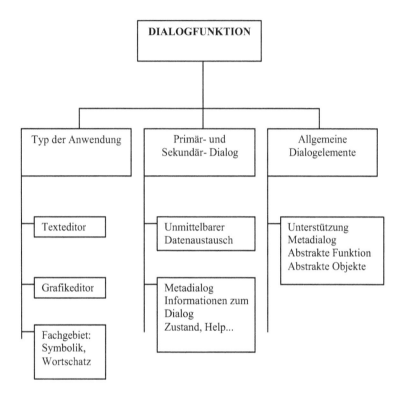

Quelle: Bauer, Günther: Software- Management, Heidelberg/Berlin/Oxford 1995, S. 132

Abb. 44: Direkt manipulative Systeme

1. Merkmale/Kriterien

- Ständige Visualisierung der Objekte und Werkzeuge für die Aufgabenbearbeitung
- Funktionsauslösung durch räumliche Aktionen oder durch gekennzeichnete Funktionstasten, statt über die Eingabe von Kommandos mit komplexer Syntax
- Schnelle, Inkrementen, reversible Aktionen; Auswirkung sofort sichtbar

2. wichtige Eigenschaften und Vorteile

Anfänger können die Benutzung des Systems sehr schnell lernen, i.d.R. anhand der

Demonstration durch einen erfahrenen Benutzer

- Experten können mit dem System sehr effizient arbeiten und eine Vielfalt von Aufgaben lösen
- Gelegentliche Benutzer können die wesentlichen Begriffe und Bedienungsoperationen auch über längere Zeit der Nichtbenutzung behalten
- Fehlermeldungen sind selten notwendig
- Der Benutzer kann direkt sehen, ob seine Eingaben zu dem gewünschten Ergebnis führen und er kann leicht Veränderungen vornehmen
- Die Benutzung des Systems ist überwiegend angstfrei, da sich das System für den Benutzer verständlich darstellt und die Aktionen umkehrbar sind
- Der Benutzer gewinnt rasch Selbstvertrauen und erlebte Kompetenz, da es die Initiative ergreift, Kontrolle über das System ausübt und das Systemverhalten für ihn vorhersagbar ist

3. Mängel

Nutzung vieler Systemressourcen

- Manchmal schwerfällige Reaktion des Systems, unhandliche Aktionen
- Schwache globale Techniken
- Schwierig nachvollziehbar
- Schwierig für sehbehinderte Benutzer

Quelle: In Anlehnung an Shneiderman, Ben: Designing the User Interface, a.a.O., S. 228
und Wandmacher, Jens: Software- Ergonomie, a.a.O., S. 178

Abb. 45: Modell Mensch- Computer- Kommunikation (Benutzersicht)

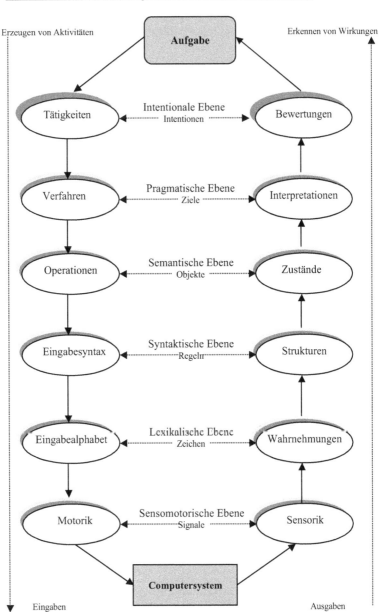

Quelle: Herczeg, Michael: Software- Ergonomie, a.a.O., S. 14

Abb. 46: Modell Mensch- Computer- Kommunikation (Computersicht)

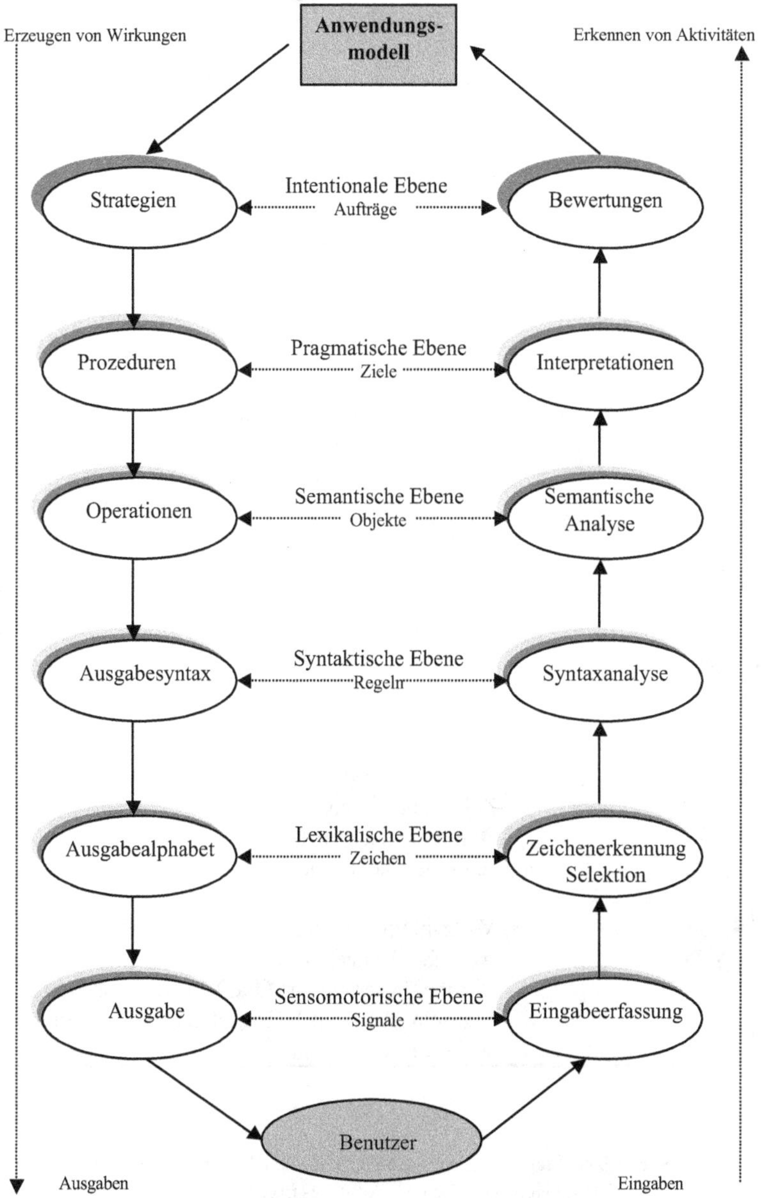

Erzeugen von Wirkungen

Anwendungsmodell

Erkennen von Aktivitäten

| Strategien | Intentionale Ebene
Aufträge | Bewertungen |

| Prozeduren | Pragmatische Ebene
Ziele | Interpretationen |

| Operationen | Semantische Ebene
Objekte | Semantische Analyse |

| Ausgabesyntax | Syntaktische Ebene
Regeln | Syntaxanalyse |

| Ausgabealphabet | Lexikalische Ebene
Zeichen | Zeichenerkennung Selektion |

| Ausgabe | Sensomotorische Ebene
Signale | Eingabeerfassung |

Benutzer

Ausgaben

Eingaben

Quelle: Herczeg, Michael: Software- Ergonomie, a.a.O., S. 15

Abb. 47: Ebenen von Distanzen

Ebene	Beschreibung
Intentionale Ebene	Funktionalität des Systems deckt sich nur teilweise mit Aufgabenstruktur B: kaufmännische Abrechnungen mit einem Textsystem erstellen➔ Tabellenkalkulator besser geeignet
Pragmatische Ebene	Prozeduren des Systems decken sich nur teilweise mit dem Verfahren B: Kopieren eines Objektes in manchen Systemen durch Löschen (cut) und das nachfolgende zweimalige Einfügen (paste)
Semantische Ebene	Objekte und Operatoren des Systems nicht identisch mit denen des mentalen Modells B: Diagramm mit Beschriftung als ein Objekt, für System aber zwei Objekte
Syntaktische Ebene	oft hoher Transformationsaufwand für den Benutzer B: formale Sprachen, obwohl Benutzer in natürlicher Sprache sprechen möchte
Lexikalische Ebene	Distanzen auf der Ebene von Zeichen und Zeigehandlungen B: mit englischem Textsystem Umlaute schreiben: ae, oe, ue
Sensomotorische Ebene	Vielzahl von Differenzen in der physikalischen Ausgabe (Darstellung) B: rohe Rasterung von Grafiken am Bildschirm; Mauseingabe nicht 1:1Umsetzung➔ Computer skaliert Bewegungen

Quelle: eigene Erstellung in Anlehnung an Atzenbeck, Claus: Grundlagen Software-Ergonomie, S. 20 und Herczeg, Michael: Software- Ergonomie, S. 117 f.

Abb. 48: Modelle

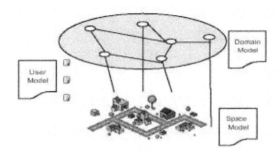

Konversationsmodell (Partnermodell)	Weltmodell
Benutzer betrachtet System als Dialogpartner	Visualisierung der Anwendungswelt in angemessener Form
• Aktivitäten werden durch Anweisungen oder Fragen an das System initiiert • System reagiert mit sprachlichen Äußerungen über den Zustand des Systems • Trägermedium des Dialogs: textbasierende Sprache • Sprache ist jederzeit als Kommunikationsmedium präsent • Hält damit eine meist leicht wahrnehmbare Distanz zwischen Benutzer und Bearbeitungswelt aufrecht	• Operatoren zur Manipulation von Objekten • Operatoren bewirken sichtbare Änderungen der Arbeitsobjekte • Modell vermittelt Benutzer Gefühl der Einbezogenheit • Zwischenmedium der gewählten Interaktionssprache wird oft kaum noch wahrgenommen • Eindruck beim Benutzer: direkte Bearbeitung der Anwendungswelt • Meist direkt manipulative Systeme
DIREKTHEIT/DISTANZ	**EINBEZOGENHEIT**

Abb. 49: Direktheit und Einbezogenheit

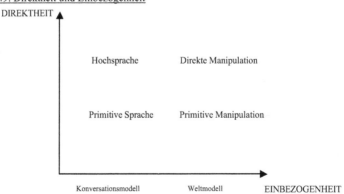

Quelle: Gross, Tom/Specht, Marcus: Awareness in Context-Aware Information Systems
GMD-FIT, St. Augustin, 2000, S. 4 und Herczeg, Michael: Software- Ergonomie, a.a.O., S. 118 ff.

Abb. 50: Beispiele von Direktheit und Einbezogenheit

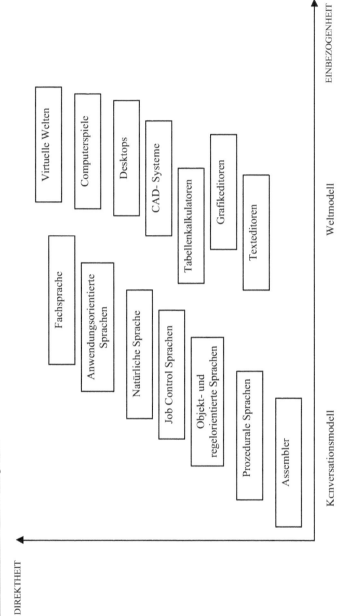

Abb. 51: Klassen von direkt manipulativen Systemen(1)

Klasse	Bild
Texteditoren • Basiselemente sind Zeichen, die zu Textelementen wie Wörtern, Sätzen, Paragraphen strukturiert werden können Heute oft zweidimensional durch die Selektierbarkeit von Textelementen mittels Zeigeelement • WYSIWYG-Prinzip	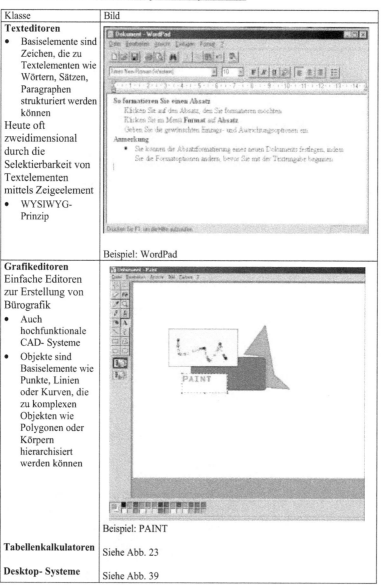 Beispiel: WordPad
Grafikeditoren Einfache Editoren zur Erstellung von Bürografik • Auch hochfunktionale CAD- Systeme • Objekte sind Basiselemente wie Punkte, Linien oder Kurven, die zu komplexen Objekten wie Polygonen oder Körpern hierarchisiert werden können	Beispiel: PAINT
Tabellenkalkulatoren	Siehe Abb. 23
Desktop- Systeme	Siehe Abb. 39

Quelle: Eigene Erstellung

Abb. 52: Klassen von direkt manipulativen Systemen (2)

Klasse	Bild
Computerspiele	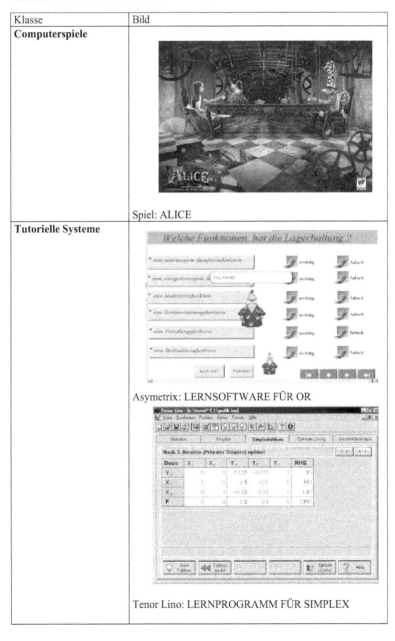

Spiel: ALICE

Asymetrix: LERNSOFTWARE FÜR OR

Tenor Lino: LERNPROGRAMM FÜR SIMPLEX

Simulierte und virtuelle Welten Navi Cam	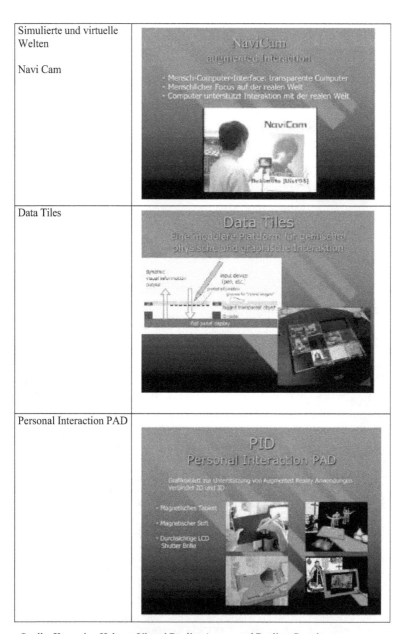
Data Tiles	
Personal Interaction PAD	

Quelle: Kazmeier, Helmut: Virtual Reality Augmented Reality, Gestaltung ergonomischer Oberflächen, 2001, Benutzeroberflächen der Virtual Reality

Abb. 53: Interaktionsstyles

Style	Vorteile	Nachteile
1. Kommandozeile	viele Befehle • mächtig • mehrere Objekte gleichzeitig manipulierbar • flexibel	• schwer zu erlernen Kommandos oft nicht intuitiv • Benutzergruppe: Experten
2. Menüs	• Selbsterklärend	beschränkt Benutzergruppe: Normalnutzer
3. Natürliche Sprache	• einfach zu erlernen benutzbar ohne Hände (z. B. beim Autofahren)	• mehrdeutig • Benutzer muss Vokabular kennen Benutzergruppe: Normalnutzer, Anfänger
4. Frage/Antwortdialoge	• Einfach zu nutzen	• begrenzte Funktionalität • nicht mächtig Benutzergruppe: Anfänger
5. Abfragesprachen	• Ähnlich natürlicher Sprache	• fester Syntax • Wissen über Datenbankstruktur nötig • Attribute müssen spezifiziert werden Benutzergruppe: Experten
6. Formulare und Tabellen	• gut für Retrieval-Applikationen einfach	• entweder eingeschränkt oder nicht eingeschränkt und dafür schwierig Benutzergruppe je nach Design: Anfänger oder Experten
7. WIMP (windows, icons, menus, pointers); Komponenten (genannt Widgets[3]): Beispiele: Buttons, Menüs, Scrollbars, Texteingabefelder, Zahleneingabefelder, Listenauswahl-elemente	• Vordefinierte Interaktionsobjekte • Nur optimale Kombination sorgt für Effizienz • Widget = "kleines" Interaktionsobjekt, das eine Bearbeitungs- oder Eingabeaufgabe erfüllt (alternativ: *Objects, Controls, ...*) • typisch: Vordefiniert und organisiert in Widget Tool Kits	• Aufgabenanalyse des Systems bei der Entwicklung, dann Auswahl der Komponenten • Typische Applikationen haben hunderte von einzelnen Widgets - durch den Benutzer nicht gleichzeitig beherrschbar ⇒ sinnvolle Gliederung sehr wichtig für gute Benutzbarkeit! • Gliederung in sinnvoll kooperierende Widgets, Zusammenfassung von Widgets für zusammengehörende Aufgaben

Quelle: eigene Erstellung in Anlehnung an Atzenbeck, Klaus: Grundlagen Mensch- Maschine- Interaktion, S. 15 f. und Szwillus, Gerd: Vorlesung „Programmierung von Benutzungsschnittstellen", WS 2000/2001

---

[3] Shneiderman, Ben: Designing of User Interface, a.a.O., S. 60 f.

Abb. 54: Grundgerüst konstituierender Elemente für einen Dialog

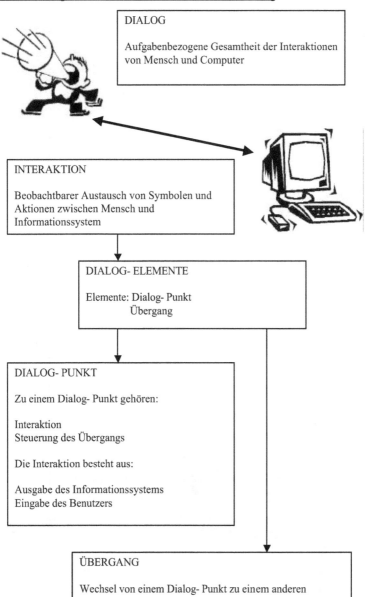

DIALOG

Aufgabenbezogene Gesamtheit der Interaktionen von Mensch und Computer

INTERAKTION

Beobachtbarer Austausch von Symbolen und Aktionen zwischen Mensch und Informationssystem

DIALOG- ELEMENTE

Elemente: Dialog- Punkt
         Übergang

DIALOG- PUNKT

Zu einem Dialog- Punkt gehören:

Interaktion
Steuerung des Übergangs

Die Interaktion besteht aus:

Ausgabe des Informationssystems
Eingabe des Benutzers

ÜBERGANG

Wechsel von einem Dialog- Punkt zu einem anderen

Quelle: In Anlehnung an Bauer, Günther: Software- Management, a.a.O., S. 128

Abb. 55: Ebenen des Dialoges

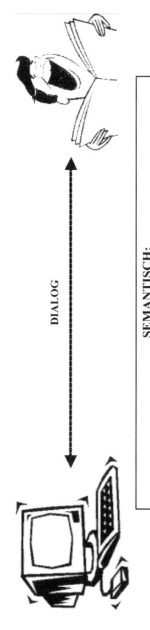

DIALOG

SEMANTISCH:

Bedeutung der Konversion, sofern interne Datenstrukturen oder externe Welt betroffen sind (entspricht verschiedenen Teilnehmern der Konversation)

SYNTAKTISCH:

Reihenfolge und Struktur von Input und Output (entspricht Grammatik von Satzkonstruktionen)

LEXIKALISCH:

Form der Icons am Monitor und jeweilige gedrückte Tasten (entspricht Buchstabieren von Wörtern)

Quelle: Eigene Erstellung

Abb. 56: Datenfluss im DANISH DIALOGUE SYSTEM

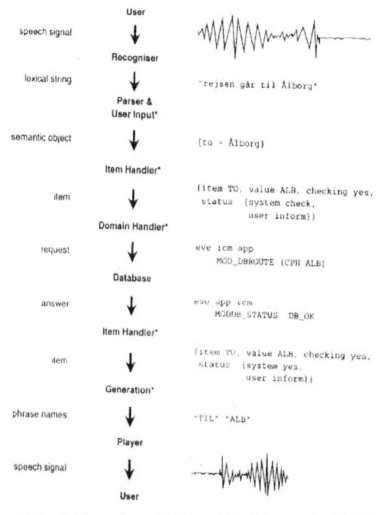

Abbildung 9: Datenfluss im *Danish Dialogue System* (Bernsen et al., 1998, 164)

Quelle: Atzenbeck, Claus: Mensch- Maschine- Interaktion, a.a.O., S. 30

Abb. 57: Interaktionsmodell des DANISH DIALOGUE SYSTEM

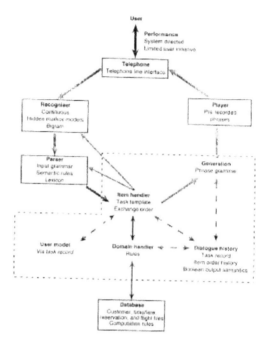

Abbildung 10: Interaktionsmodell des *Danish Dialogue System* (Bernsen et al., 1998, 163)

Quelle: Atzenbeck, Claus: Mensch- Maschine- Interaktion, a.a.O., S. 31

Abb. 58: Elemente der Interactiv Speech Theory

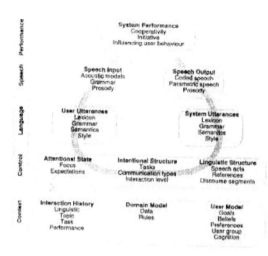

Abbildung 11: Elemente der Interactive Speech Theory (Bernsen et al., 1998, 32)

Quelle: Atzenbeck, Claus: Mensch- Maschine- Interaktion, a.a.O., S. 32

Abb. 59: Diagramm Arten

Form	Merkmale
1. State transition networks (STN) Zustandsautomaten[4]	Gerichteter Graph
	Knoten entsprechen Zuständen
	Kanten entsprechen Übergängen
	Kanten sind annotiert mit der
	Benutzeraktion,
	die den Zustandsübergang auslöst
	Kanten sind annotiert mit der Aktion, die
	das System während des Übergangs
	ausführt
	Zustandsautomaten werden seit den
	1960ern für Dialogdesign verwendet
	Durch die Hierarchie können komplexe
	Systeme entworfen werden
	Methode auch für Prototyping gut
	geeignet
	Gut geeignet zur Repräsentation von
	sequentiellen, iterativen und selektiven
	Dialogen
	Für nebenläufigen Dialog ungeeignet, da
	die Anzahl der Zustände kombinatorisch
	wächst
2. State charts[5]: eine Art STN	Hierarchische Automaten zur
	Vermeidung der Zustandsexplosion
	Wird u.a. verwendet im Produkt
	STATEMATE im Software Engineering
	Hierarchie, jedoch Diagramm nicht
	aufgesplittet
	Struktur und Teile in einem Diagramm
	(wie einfache STNs)
	Besondere Eigenschaften von state charts

---

[4] Vgl. Abb. 59a
[5] Vgl. Abb. 59b

	Zustandsgeneralisierung (Entweder-oder-Komposition)
	Zusammenfassen von Zuständen mit gleichen Zustandsübergängen zu einem neuen „Oberzustand"
	Parallelität (Und- Komposition)
	Nebenläufigkeiten werden in Teilsystemen dargestellt
	Befindet sich das System in einem (übergeordneten) Gesamtzustand, dann auch in allen zugehörigen Teilzuständen
	Synchronisation
	Parallele Teilsysteme können synchronisiert werden durch Broadcast gemeinsamer Ereignisse
3. Petri- Netze[6]	Modell zur Beschreibung und Analyse von Abläufen mit nebenläufigen Prozessen und nicht-deterministischen Vorgängen
	• Einsetzbar für unterschiedlichste Fragestellungen • 1962 von Carl Adam Petri Gerichteter Graph mit zwei Knotentypen
	- Stellen (oder Plätze) und Transitionen • Stellen entsprechen einer Datenablage oder Zustand • Transitionen beschreiben Verarbeitung von Daten • Kanten dürfen nur Knoten unterschiedlichen Typs verbinden • Stellen heißen - Eingabestellen bzgl. Ihrer Ausgangskanten - Ausgabestellen bzgl. Ihrer Eingangskanten

---

[6] Vgl. Abb. 59c

3. Flussdiagramme[7]	Sehr alte grafische Notation für Programmabläufe
	Beinhaltet bspw. Symbol für Lochkarte
	• Kann adaptiert werden für Dialogabläufe Zeigen Prozesse und Entscheidungen
	nicht gleich STN
	Viele Arten von Rahmen, die
	verschiedene Aktivitäten anzeigen
	Bewertung
	- Einfache Modellierung - Leicht verständlich - Keine Nebenläufigkeit
4. JSD (Jackson Structured Design) diagrams[8]	Hierarchie (Baum)
	- ,*' in einem Kasten bedeutet beliebig oft Wiederholung - ,o' in einem Kasten bedeutet optional
5. SA/SAD[9]	Structered Analysis and Design
6. OMT[10]	Object Modelling Technique
7. UML[11]	Universal Modelling Language

---

[7] Vgl. Abb. 59d
[8] Vgl. Abb. 59e
[9] Vgl. Abb. 59f
[10] Vgl. Abb. 59g
[11] Vgl. Abb. 59h

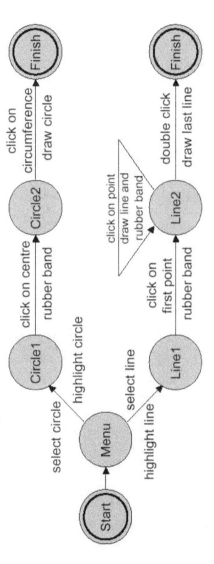

- Zustandsautomaten
  - Beispiel Grafikeditor

Quelle: Weber, Michael: Mediale Informatik. Formale Methoden zur Dialognotation, a.a.O., S. 9

Abb. 59b: State Chart

State Charts

- Beispiel Fernsehsteuerung

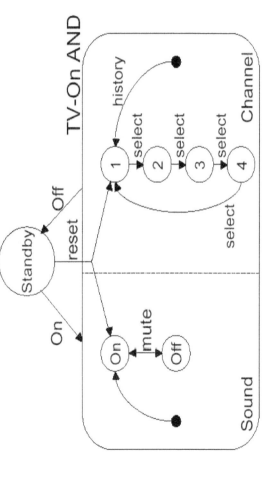

Quelle: Weber, Michael: Mediale Informatik. Formale Methoden zur Dialognotation, a.a.O., S. 20

Abb. 59c: Petri- Netz

- # Petrinetze

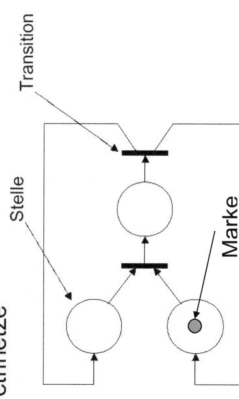

Stelle

Transition

Marke

Um dynamische Abläufe zu beschreiben
- werden die Stellen mit Marken (oder Token) belegt
- Diese werden durch Transitionen weitergegeben
- Marken sind Objekte
  - Boolean → „Bedingungs-Ereignis-Netz"
  - Integer → „Stellen- Transitions- Netz"

Schaltregeln
- Eine Transition kann schalten (oder zünden oder feuern) wenn jede Eingabestelle mindestens eine Marke enthält
- Schaltet eine Transition, dann wird aus jeder Eingabestelle eine Marke entfernt und zu jeder Ausgabestelle eine Marke hinzugefügt

Quelle: Weber, Michael: Mediale Informatik. Formale Methoden zur Dialognotation, a.a.O., S. 23

Abb. 59d: Flussdiagramm

▪ Flussdiagramme

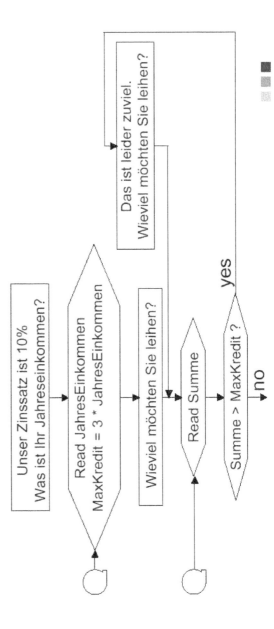

Unser Zinssatz ist 10%
Was ist Ihr Jahreseinkommen?

Read JahresEinkommen
MaxKredit = 3 * JahresEinkommen

Wieviel möchten Sie leihen?

Read Summe

Summe > MaxKredit ?

no   yes

Das ist leider zuviel.
Wieviel möchten Sie leihen?

Quelle: Weber, Michael: Mediale Informatik. Formale Methoden zur Dialognotation, a.a.O., S. 33

Abb. 59e: JSP (Jackson Structered Programming)

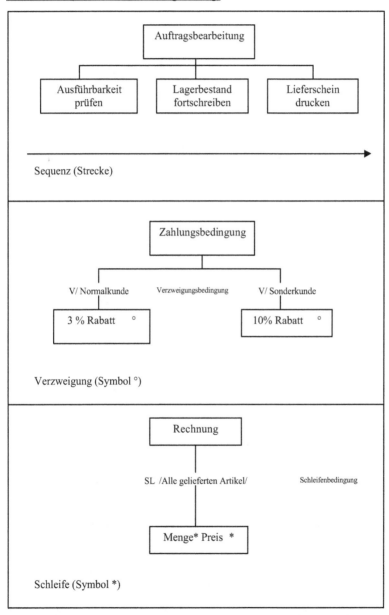

Quelle: Stahlknecht, Peter/Hasenkamp, Ulrich: Einführung in die
Wirtschaftsinformatik, S. 291

Abb. 59f: SD Notation für Structure Chart

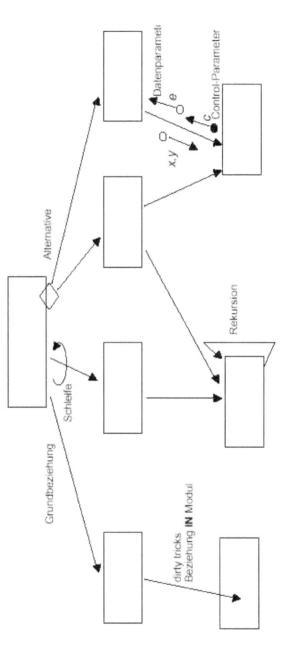

Quelle: Mittermeir, Roland: Modellierung, Universität Klagenfurt 2001, S. 6-13

Abb. 59g: OMT Functional Model Notation

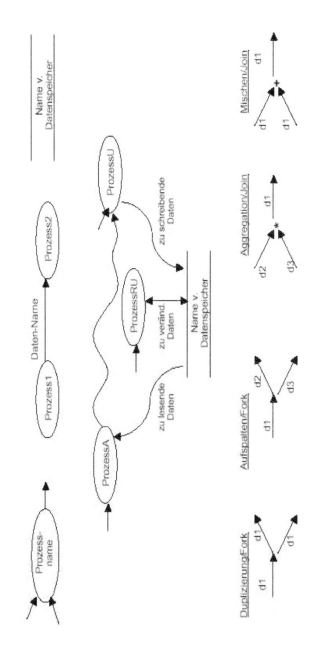

Quelle: Mittermeir, Roland: Modellierung, Universität Klagenfurt 2001, S. 6-5

Abb. 59h: UML

Beispiel: Einfaches "Statechart"-Diagramm in UML

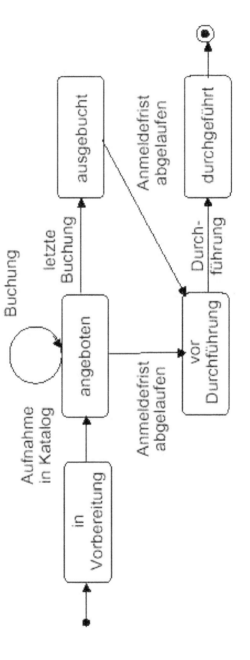

Quelle: Hußmann: Entwicklungsmethoden: Systematischer Überblick, Software- Technologie II, TU Dresden, 2001, S. 4

Abb. 60: Textuelle Notationen

Form	Beschreibung
1. Backus- Naur- Form[12] (BNF)	- formale Notation zur Spezifikation der Grammatik von Programmiersprachen - BNF bietet i.w. Sequenz, Auswahl und Rekursion als Konzepte - Nichtterminalsymbole können ganze Wörter sein Schreibweise: **<nonterminal>** - BNF Regeln bestimmen die Grammatik Schreibweise:: = - Sequenz: ausgedrückt durch Hintereinanderschreiben **<Bezeichner>: = <Buchstabe> <Zeichenkette>** - Auswahl: Ausgedrückt durch | Operator **<Zeichenkette>: = <Buchstabe> | <Ziffer>** - Oder durch [] Klammern **<Bezeichner>: = <Buchstabe> [<Zeichenkette>]** - Rekursion: Ausgedrückt durch {} Klammern und Operator (0..n) Wiederholung bzw. + Operator (1..n) Wiederholung **<Bezeichner> ::= <Buchstabe> {<Zeichenkette>}*** **<Bezeichner> ::= <Buchstabe> {<Zeichenkette>} +**
2. Reguläre Ausdrücke[13]	- Oft verwendet in Editoren oder Skripten zur (komplexen) Suche in Texten - z.T. auch in der lexikalischen Analyse von Programmiersprachen - Verschiedene Notationen je nach Werkzeug (sed, awk, lex, ...) - D.h. es gibt keine allgemeingültige Notation wie bei BNF - Konzepte Sequenz und Iteration - Sequenz: Ausgedrückt durch Hintereinanderschreiben - Iteration: Ausgedrückt durch Kleene Star Operator * - Im Dialogdesign werden reguläre Ausdrücke oft um named subexpressions ergänzt, vergleichbar mit Nichtterminalen in BNF - Reguläre Ausdrücke sind gleich mächtig wie Zustandsautomaten - D.h. auch sie können keine Nebenläufigkeit modellieren - geeignet für low level Teildialoge - geeignet für Rapid Prototyping Systeme mit vorhandener Toolunterstützung (lex, yacc, etc.) **Einige Zusammenhänge als Ausblick** - Reguläre Ausdrücke sind Zeichenfolgen zur konstruktiven Beschreibung regulärer Mengen

---

[12] Vgl. Abb. 60a
[13] Vgl. Abb. 60b

	- Die Menge der durch reguläre Ausdrücke beschreibbaren Mengen: * Ist gleich der Menge der regulären Sprachen * Ist gleich der von endlichen Automaten erkannten Sprachen * Ist gleich der Menge der Sprachen, die durch eine rechtslineare Grammatik erzeugt werden können * Ist gleich der Menge der Sprachen, die durch eine linkslineare Grammatik erzeugt werden können - Dies nennt man auch Typ-3 Grammatik in der Chomsky-Hierarchie
3. Produktionsregeln[14] (Production rules)	- Generelle Form **if condition then action** - Unterschiedliche Notationsformen **condition → action** **condition: action** - Alle Regeln sind gleichzeitig aktiv - d.h. die Reihenfolge des Hinschreibens ist egal - Trifft eine Bedingung zu (sie feuert), werden die zugehörigen Aktionen ausgeführt - Aktionen sind * Ausgaben an den Nutzer oder * Änderungen am internen Zustand des Systems Production Rule Systeme sind: * Ereignisorientiert oder * Zustandsorientiert oder * Eine Mischung aus beidem - **Production Rule Systeme:** § Nutzerereignisse § Beginnen mit Großbuchstaben § Bezeichnen Nutzereingaben § Interne Ereignisse § Beginnen mit Kleinbuchstaben § Speichern Dialogzustand § Ausgabeereignisse § Geklammert § Sichtbare oder hörbare Ausgabeeffekte des Systems
3. CSP[15] (Communicating Sequentiell Processes)	- Ziel: Notation, die sowohl sequentielle als auch nebenläufige Modelle gleichermaßen einfach beschreiben lässt - Prozeßalgebren sind eine Klasse solcher Notationen § CSP – C.A.R. Hoare, 1978 - Varianten zur Dialogspezifikation § SPI (System Property Intervals)– H. Alexander, 1987 § Agents – G. Abowd, 1990 - Notation

---

[14] Vgl. Abb. 60c
[15] Vgl. Abb. 60d

| | = Definition
→ Ereignissequenz (bei Hoare: Guard)
; Prozesssequenz
[] Auswahl
‖ Nebenläufigkeit, Parallelität
? Eingabeereignis (bei Hoare: receive)
! Ausgabeereignis (bei Hoare: send)
- Ereignisnamen werden klein geschrieben
- Prozessnamen haben große Initialen
- Interne Ereignisse können zur Synchronisation paralleler Prozesse verwendet werden
- Beispiel: Zeichenfunktionen sind per Maus und Menü wählbar, oder per Shortcut <alt>-C für Circle bzw. <alt>-L für Line |

Quelle: Weber, M.: Mediale Informatik. Formale Methoden zur Dialognotation, Ulm 2002, S. 1 ff. und Atzenbeck, Claus: Grundlagen Mensch- Maschine- Interaktion, a.a.O., S. 33

Abb. 60a: BNF

▪ Backus-Naur Form (BNF)

▪ Beispiel Polyline zeichnen

```
<draw-line>        ::= <select-line> <choose-points>
                                      <last-point>

<select-line>      ::= <position-mouse> click-mouse
<choose-points>    ::= <choose-one> |
                       <choose-one> <choose-points>
<choose-one>       ::= <position-mouse> click-mouse
<last-point>       ::= <position-mouse> double-click-mouse
<position-mouse>   ::= empty |
                       move-mouse <position-mouse>
```

Quelle: Weber, Michael: Med ale Informatik. Formale Methoden zur Dialognotation, a.a.O., S. 40

Reguläre Ausdrücke

- ## Beispiel Polyline zeichnen

  `select-line click click click* double-click`

- ## Kleene Star Operator in BNF

  `<many-clicks> ::= <click> {<many-clicks>}`

- ## Reguläre Ausdrücke sind weniger ausdrucksstark als BNF

  - Korrekte Klammerung kann beispielsweise nicht mit dem Kleene Star Operator ausgedrückt und damit überprüft werden

Quelle: Weber, Michael: Mediale Informatik. Formale Methoden zur Dialognotation, a.a.O., S. 44

Abb. 60c: Produktionsregeln

Production Rule Systeme

Ereignisbasierte Systeme

- Ereignistypen
  - Nutzerereignisse
  - Interne Ereignisse
  - Ausgabeereignisse

Beispiel Polyline zeichnen

```
Sel-line                    → start-line <highlight line>
Click-pnt start-line        → rest-line <rubberband on>
Click-pnt rest-line         → rest-line <draw line>
Dblclick-pnt rest-line      → <draw line> <rubberband off>
```

Quelle: Weber, Michael: Mediale Informatik. Formale Methoden zur Dialognotation, a.a.O., S. 50

Communicating Sequential Processes

Beispiel Polyline zeichnen

```
Draw-menu    = (select-circle? → Do-circle []
                select-line? → Do-line)

Do-circle    = click? → set-centre! → click? →
                draw-circle! → Skip

Do-line      = Start-line ; Rest-line

Start-line   = click? → first-point! → Skip

Rest-line    = (click? → next-point! → Rest-line[]
                double-click? → last-point! → Skip)
```

Quelle: Weber, Michael: Mediale Informatik. Formale Methoden zur Dialognotation, a.a.O., S. 62

Abb. 61: Notationsspezifische Semantik

Notationsspezifische Semantik

- ## Augmented Transition Networks, ATN

  - Zum Zustandsautomaten gibt es Systemregiste die der Automat lesen und schreiben kann

  - Kanten werden mit Bedingungen bzgl. der Systemregister ergänzt

  - Ausgaben sind nicht nur Display/Sound sonder auch Schreiben in die Register

click on point

Mouse(x,y) in Window: call (draw-line),
mouse-ptr=cross, call (rubberband)

Sematikannotation

Quelle: Weber, Michael: Mediale Informatik. Formale Methoden zur Dialognotation, a.a.O., S. 71

Verknüpfung zu Programmiersprachen

- Beispiel zum input tool

```
tool number
{ char buf[80];
  int index = 0;
  int positive;
  input { (digit* + sign; digit; digit*) ; return
  tool digit
  { input { key:| key_c>='0' && key_c<='9'| }
    if (index < 79)
    { buf[index] = key_c;
      index=index+1;
      echo(key_c);
    }
  tool sign
  ...
```

Quelle: Weber, Michael: Mediale Informatik. Formale Methoden zur Dialognotation, a.a.O., S. 73

Abb. 63: Verknüpfung zu formaler Semantikspezifikation

- Verknüpfung zu formaler Semantikspezifikation

  - SPI Beispiel: Loginprozess

  - eventCSP

```
Login   = login-mess! → get-name? → Passwd
Passwd  = passwd-mess! →
          (invalid! → Login [] valid! → Session)
Session = (logout! → Login []
          command? → execute! → Session
```

- Verknüpfung zu formaler Semantikspezifikation

  - eventISL

```
event: login-mess =
             prompt: true
             out: "login:"
event: get-name =
             uses: input
             set: user-id = input
event: passwd-mess =
             prompt: invisible
             out: "passwd:"
```

  - eventISL (Fortsetzung)

```
event: valid =
             uses: input, user-id, passwd-db
             when: passwd-id = passwd-db(user-id)
event: invalid =
             uses: input, user-id, passwd-db =
             when: passwd-id /= passwd-db(user-id)
             out: "wrong password"
```

Quelle: Weber, Michael: Mediale Informatik. Formale Methoden zur Dialognotation, a.a.O., S. 75- 76

Abb. 64: Standardformalismen

Notation	Beschreibung
1. Formale Notationen	für Kommunikation zwischen Designer und Programmierern
2. Formale Notationen für Analysen	Interne/externe Konsistenz untersuchen
3. Modellorientierte Notationen	Mathematische Konstrukte, um Softwarekomponenten zu beschreiben
4. Algebraische Notationen	Geben kein Bild der Komponenten eines Objekts, sondern beschreiben Objekt von außen
5. Temporal logic[16]	Darstellung in Logik- Schreibweise
6. Interaktionsmodelle	WYSIWYG- konsistent
7. PIE- Model: Black- Box- Model[17]	beschreibt nicht Systemarchitektur, nur Input und Output
8. Modelle für spezielle Bereiche	(z. B. Window- Systeme, Timing, Attention)

Quelle: Atzenbeck, Claus: Grundlagen Mensch- Maschine- Interaktion, a.a.O., S. 34

---

[16] Vgl. Abb. 64a
[17] Vgl. Abb. 64b und Gause, Donald C./Weinberg, Gerald M. :Software Requirements, München/Wien 1993, S. 252 ff.

Abb. 64a: The following diagram illustrates the usage and terminology that apply to temporal logic operators

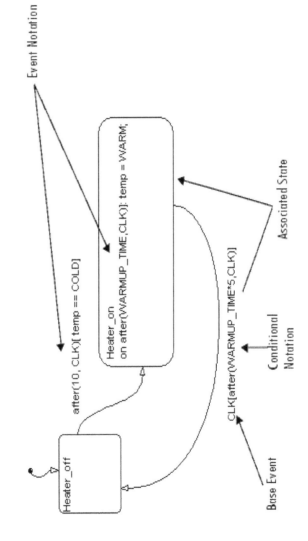

Quelle: vom 07.03.02
http://www.mathworks.com/access/helpdesk/help/toolbox/stateflow/notati49.shtml

Abb. 64b: Black Box Modell

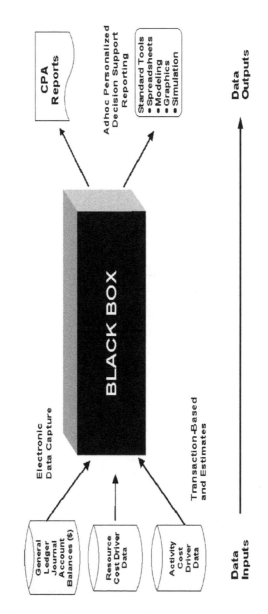

ABC/CPA/PPA INFORMATION SYSTEMS

CPA Reports

Adhoc Personalized Decision Support Reporting

Standard Tools
- Spreadsheets
- Modeling
- Graphics
- Simulation

BLACK BOX

Electronic Data Capture

Transaction-Based and Estimates

General Ledger Journal Account Balances ($)

Resource Cost Driver Data

Activity Cost Driver Data

Data Inputs

Data Outputs

Quelle:
http://wholesaledistribution.services.ibm.com/wdRefRoom.nsf/HTMLAttachmentsByUNID/AE0598409BD10CB88625694B006EBEE5/$File/info0info.html vom 07.03.02

Abb. 65: Das Dialogsystem und seine Schnittstellen

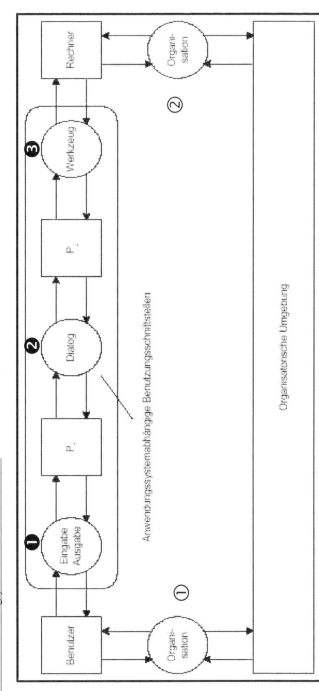

Quelle: Janson, Andre´: Usability-Engineering als Instrument des Managements   informationstechnologischer Veränderungsprozesse in Unternehmen, Inaugural- Dissertation zur Erlangung des Grades eines doctor rerum politicarum (Dr. rer.   pol.) der Fakultät Sozial- und Wirtschaftswissenschaften der Otto- Friedrich-Universität Bamberg, März 2001, S. 17

Abb. 66: Kriterien menschengerechter Arbeit

Humankriterium	Inhalt	Wirkung
Ganzheitlichkeit	die Aufgaben enthalten planende, kontrollierende und ausführende Anteile	Bedeutung und Stellenwert der Tätigkeit wird erkannt aus der Tätigkeit ergibt sich die Rückmeldung über den Arbeitsfortschritt
Anforderungs-vielfalt	Aufgaben mit Anforderungen an Körper und Psyche, Wechsel von intellektuellen Problemlöseaufgaben mit Routineaufgaben, Mischarbeit	es können unterschiedliche Fähigkeiten und Fertigkeiten eingesetzt werden, einseitige Beanspruchungen werden vermieden

Möglichkeiten zur sozialen Interaktion	Kooperation, Kommunikation, Teamkonzepte	Kommunikation und Kooperation sind möglich Schwierigkeiten können gemeinsam bewältigt werden gegenseitige Unterstützung hilft Belastungen wie Stress besser zu bewältigen
Autonomie	Handlungs- und Entscheidungsspielräume sind vorhanden, ein gewisses Maß von Kontrolle über die Arbeitsschritte ermöglicht die Selbstregulierung des Arbeitsprozesses	Selbstwertgefühl und die Bereitschaft zur Übernahme von Verantwortung werden gestärkt man erfährt, nicht einfluss- und bedeutungslos zu sein
Lern- und Entwicklungs- möglichkeiten	Aufgaben enthalten zu lösende Probleme und die Möglichkeit Fehler zu machen	die allgemeine geistige Flexibilität bleibt erhalten berufliche Qualifikationen werden erhalten und weiterentwickelt

Quelle: http://141.90.2.11/ergo-online/Arbeitsorg/G_Menschg-gest.htm vom 05.03.02

Abb. 67: Eight Golden Rules of Design (Shneiderman)

Regel	
Strive for consistency	Nach Konsistenz streben Streben nach Einheitlichkeit, d.h. Benutzung einer einheitlichen Terminologie, einheitlicher Aufbau, etc.
Enable frequent users to use shortcuts	Shortcuts (Tastaturkürzel) ermöglichen Den Experten sollen Abkürzungen zur Verfügung gestellt werden, um die Nutzung des Systems zu beschleunigen.
Offer informative feedback	Ein informatives Feedback geben (angepasst an die jeweilige Situation und den Benutzer) Das Feedback, welches das System liefert, sollte klar und aussagekräftig sein.
Design dialogs to yield closure	In sich geschlossene Dialoge verwenden Interaktionen mit dem System sollen so gestaltet sein, damit diese einheitlich ablaufen und in sich geschlossen sind.
Offer simple error handling	Eine einfache Fehlerbehebung ermöglichen (nach einem Fehler sollte z.B. nicht alles erneut eingegeben werden müssen) Fehler sollten einfach handhabbar sein.
Permit easy reversal of actions	Eine "Rückgängigfunktion" implementieren Die Wiederholung von Aktionen soll so einfach wie möglich gehalten werden, d.h. eine Wiederholmöglichkeit einer Aktion soll ohne große Neueingaben möglich sein.
Support internal locus of control	Unterstützung einer internen Platzierung von Kontrolle Erfahrene Benutzer wollen die Verantwortung über das System, überraschende Aktionen und andere Effekte sollten vermieden werden, um Unzufriedenheit zu vermeiden.
Reduce short- term memory load	Reduktion der Kurzzeitgedächtnis-Belastung

	Da der Mensch nur eine gewisse Anzahl von Informationen in kurzer Zeit aufnehmen kann (Faustregel: 7 +/- 2 Informationen), sollte der Bildschirmaufbau einfach gehalten werden und zahlreiche Informationen zu größeren Einheiten zusammengefasst werden.

Quelle: Shneiderman, Ben: Designing The User Interface, a.a.O., S. 72 f. und
Herczeg, Michael: Software- Ergonomie, a.a.O., S. 114

Abb. 68: Vergleich der Definitionen und Normen

Begriffsdefinitionen laut "VGB 104 - Arbeit an Bildschirmgeräten[18]"		Normen zur Dialoggestaltung (laut DIN 66234, Teil 8; ISO 9241 part 10)
§ 30 Aufgabenangemessenheit Die eingesetzte Software muss der auszuführenden Tätigkeit angepasst sein und die Benutzer bei der Ausführung ihrer Arbeitsaufgaben wirksam unterstützen.	**Aufgabenangemessenheit**	**Aufgabenangemessenheit** Der Dialog unterstützt die BenutzerInnen bei der Erledigung ihrer eigentlichen Aufgabe, ohne sie durch Eigenschaften des Systems unnötig zu belasten.
§ 31 Selbstbeschreibungsfähigkeit 1. Die Software muss den Benutzern auf ihr Verlangen Informationen über Einsatzzweck und Funktionsumfang geben. 2. Das Dialogsystem muss den Benutzern jeden Dialogschritt unmittelbar durch Rückmeldung oder durch abrufbare Informationen verständlich machen.	**Selbstbeschreibungsfähigkeit**	**Selbstbeschreibungsfähigkeit** Der Dialog ist für die BenutzerInnen unmittelbar verständlich. Darüber hinaus können sich die BenutzerInnen auf Verlangen Erläuterungen über Einsatzzweck, Leistungsumfang sowie über einzelne Dialogschritte anzeigen lassen.
§ 32 Steuerbarkeit Die Software muss so gestaltet sein, dass die Benutzer den jeweiligen Dialogablauf steuern können.	**Steuerbarkeit**	**Steuerbarkeit** Die BenutzerInnen können die Geschwindigkeit des Dialogablaufs, die Auswahl und Reihenfolge der Programmschritte sowie Art und Umfang von Ein- und Ausgaben beeinflussen.

[18] Vgl. www.heise.de/ct/99/26/042/ vom 09.03.02

§ 33 Erwartungskonformität Die Software muss den Erwartungen der Benutzer auf der Grundlage ihrer Kenntnisse und Erfahrungen im Hinblick auf die eingesetzten Arbeitsmittel und die Arbeitsaufgaben entsprechen.	**Erwartungskonformität**	**Erwartungskonformität** Das Dialogverhalten innerhalb eines Dialogsystems ist einheitlich gestaltet, damit die BenutzerInnen ihre Erfahrungen, die sie im Umgang mit dem System gesammelt haben, nutzen können.
§ 34 Fehlerrobustheit Die Software muss so gestaltet sein, dass das beabsichtigte Arbeitsergebnis trotz erkennbar fehlerhafter Eingabe mit minimalem Korrekturaufwand erreicht wird.	**Fehlerrobustheit**	**Fehlerrobustheit** Fehlerhafte Eingaben der BenutzerInnen führen nicht zu undefinierten Systemzuständen. Zur Durchführung der Korrektur werden den BenutzerInnen die Fehler in verständlicher Form angegeben.
§ 35 Individualisierbarkeit Die Software muss so gestaltet sein, dass sie im Rahmen der Arbeitsaufgaben an individuelle Benutzerfähigkeiten und -belange angepasst werden kann.	**Individualisierbarkeit**	**Individualisierbarkeit** Der Dialog muss so gestaltet sein, dass eine individuelle Anpassung an den einzelnen Arbeitnehmer möglich ist.
§ 36 Lernförderlichkeit Die Software muss so gestaltet sein, dass sie der Benutzer während des Lernprozesses in erforderlichem Umfang unterstützt und anleitet.	**Lernförderlichkeit**	**Lernförderlichkeit** Der Dialog muss so gestaltet sein, dass er Lernen ermöglicht (und ermutigt).

Quelle: http://www.ce.uni-linz.ac.at/research/sw_erg_pages/kriterie.htm vom 07.03.02

Abb. 69: Gestalterische Ansprüche an ein Computerprogramm
Eine hilfreiche Maxime die ausdrücklich „sich aller Beweisbarkeit entzieht und nicht
mehr als eine Empfehlung sein kann" (Stankowski, S. 23) und lediglich als ein
freiwilliges Bekenntnis zu einem Prinzip dargestellt wird, ist die Kette „Finden -
Vereinfachen - Versachlichen - Vermenschlichen". Bemerkenswert ist, dass es sich
hier um allgemeine gestalterische Angaben handelt.

FINDEN

Eine gestalterische Qualität ist die gekonnte Auswahl aus einer gegebenen
Alternativmenge von zu Gebote stehenden formalen, inhaltlichen und
funktionalen Möglichkeiten.

VEREINFACHEN

Hier ist das „ohne Umschweife zur Sache kommen" gemeint, schnörkellos,
einfach und doch eigenartig. Das Weglassen eines Details wird durch
Eigenleistung des Betrachters ergänzt. Ein einfaches Konsumieren wird
verhindert.

VERSACHLICHEN

Ein Anspruch der Werbung auf Argumentation, eine Seriosität, die sich
nicht anbiedert.

VERMENSCHLICHEN

Relativierung der Sachlichkeit, weil die Vermenschlichung durch
seine Ästhetik einen Sympathieanteil birgt. „Was man gerne
ansieht, sieht man auch aufmerksamer an" (Stankowski, S. 23). In
gewisser Weise ist hier auch die Emotionalisierung gemeint, die
aber ins Verhältnis zu menschlichen Verarbeitungsbedingungen
gesetzt wird. Dieser Faktor ist nach Stankowski wohl am
schwersten realisieren.

Quelle: Knauth, Peter/Steiner, Hans: Softwareergonomische Gestaltung von
Bildschirmmasken und Computerprogrammen, Anwendungsbeispiel: Multimediale
Lern- und Lehrprogramme für Experten und Beschäftigte, Karlsruhe 1997, S. 15 f.

Abb. 70: Das Schalenmodell

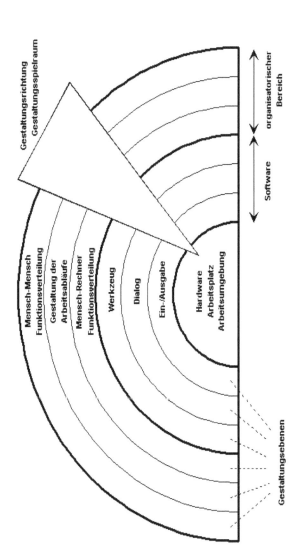

Gestaltungsrichtung
Gestaltungsspielraum

Mensch-Mensch
Funktionsverteilung

Gestaltung der
Arbeitsabläufe

Mensch-Rechner
Funktionsverteilung

Werkzeug

Dialog

Ein-/Ausgabe

Hardware
Arbeitsplatz
Arbeitsumgebung

organisatorischer
Bereich

Software

Gestaltungsebenen

Quelle: http://www.informatik.uni-leipzig.de/ifi/lehre/Heyer990t)/Sprachprodukt4.html vom 07.03.02

Abb. 71: Prozess Modell des Software Engineerings

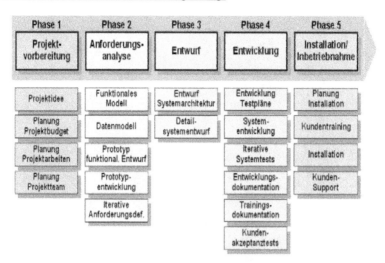

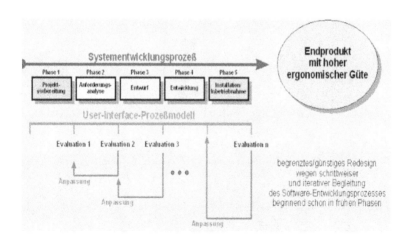

Quelle: http://www.inf.tu-
dresden.de/ST2/pw/lv_bdt/hyperbase/buch/vorgehensweise/vorgehensweise_grundidee.htm
vom 07.03.02

Abb. 72: Benutzerklassen (nach Seibt)

„Genau diesem Unterschied wollen wir mit Hilfe einer Einteilung in vier Benutzerklassen begegnen: Wir unterscheiden zwischen „Laien,„, „Standardanwendern,„, „Enthusiasten,„ und „Power User,„. Für jede Gruppe haben wir unterschiedlich gebündelte Betreuungsmaßnahmen. Die Darstellung zeigt diese im Überblick.

Benutzerklasse	Betreuungsziele	Betreuungsaktivitäten
Laien	• Vermittlung der Technik, überzeugte Standardanwender heranziehen	• Vermittlung der Bedienungsabläufe • Übungsmöglichkeiten • Angst vor Mißerfolg nehmen
Standardanwender	• Vermittlung des Anwendungsnutzens, überzeugte Standardanwender erhalten	• Verdeutlichung des Anwendungsnutzens durch Einsatzbeispiele • Diskussion alternativer Einsatzmöglichkeiten • Bequemlichkeitstendenzen überwinden • regelmäßige Kooperationen mit Dritten mit Hilfe des Systems
Enthusiasten	• Erhaltung der Begeisterung • Multiplikatoren schaffen	• positive Rückkopplung mit Anwendern • Ermutigung zur Multiplikatorrolle
Power User	• Verständnis für die Anwendung vermitteln - nicht nur für die Technik • "echte Anwender"/Multiplikatoren schaffen	• vom Anwendungsnutzen überzeugen • Anwendungsnutzen durch Einsatzbeispiele verdeutlichen • Perspektivenwechsel bewirken • Stärkung der Technik-Promotoren-Rolle

Quelle: Scheid, Eva Maria: Interview mit Seibt, Dietrich, Universität Köln, Lehrstuhl für Wirtschaftsinformatik in: IVBB Aktuell 4/1998 auf www.ivbb.de vom 08.03.02

Abb. 73: Benutzerklassen nach Häufigkeit der Anwendung

So lassen sich aus diesen zwei Kriterien vier unterschiedliche Benutzerklassen

bilden:

- ungeübter und regelmäßiger Benutzer
- geübter und regelmäßiger Benutzer
- ungeübter und sporadischer Benutzer
- geübter und sporadischer Benutzer

Der Unterschied zwischen den beiden Gruppen "geübter und regelmäßiger Benutzer"

und "ungeübter und sporadischer Benutzer" ist laut Abbildung am größten. Daher

muss diesen beiden Benutzergruppen die meiste Aufmerksamkeit geschenkt werden.

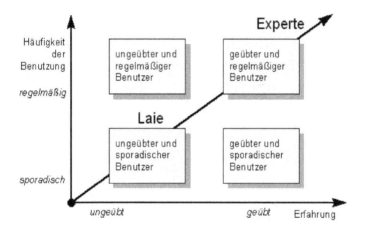

Quelle: http://www.inf.tu-
dresden.de/ST2/pw/lv_bdt/hyperbase/buch/grundlagen/benutzerklassen/benutzer.htm
vom 05.03.02

Abb. 74: Gründe für Benutzerbeteiligung

Anwender	Benutzer	Entwickler
* Bessere Aufgabenangemessenheit der Software * Höhere Akzeptanz durch Benutzerorientierung * geringere Kosten durch Vermeidung nachträglicher, kostenintensiver Korrekturen	* Einsicht in Verständnis für Möglichkeiten und Grenzen neuer Technologien und die Arbeit der Entwickler * Größere Identifikation mit bzw. höhere Akzeptanz der Lösung * Höhere Motivation zur Benutzung des Systems	* Feedback über ihr Produkt *Qualifizierungsmöglichke iten in Fachfragen * Bessere Einsicht in die Arbeit der Benutzer * Größere Sicherheit bei der Lösungsfindung

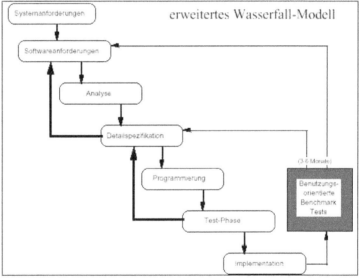

Abbildung 3.1: Das traditionelle "Wasserfall"-Modell der Software-Entwicklung (nach BOEHM 1981) erweitert um Rückkopplungszyklen über benutzungs-orientierte Benchmark-Tests (siehe auch WILLIGES, WILLIGES & ELKERTON 1986, S. 1418).

Quelle: Rauterberg, Matthias/Spinas, Philipp/Strohm, Oliver/Ulich, Eberhard/Weber, Daniel: Benutzerorientierte Software- Entwicklung, a.a.O., S. 27 und Rauterberg, Matthias: Benutzungsorientierte Benchmark-Tests: eine Methode zur Benutzerbeteiligung bei der Entwicklung von Standardsoftware, Projektbericht Nr. 6, Zürich 1991, S. 1 ff

Abb. 75: Wasserfallmodell

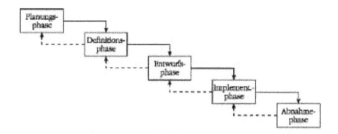

Quelle: Klink, Stefan: Entwicklung von großen Software-Systemen,
Kaiserslautern 1994, S. 4

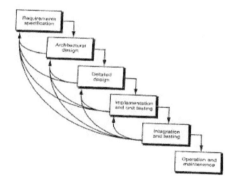

Merkmale:

· keine strenge Vorgabe der einzelnen Phasen
· risikofreudiger
· Korrekturen erfolgen evt. in späteren Phasen
· Vor allem angewendet, wenn Problem nur vage bekannt ist oder
der Entwickler sich nur teilweise im jeweiligen Fachbereich auskennt

Vorteil: Dem Kunden kann schnell ein vorläufiges Ergebnis gezeigt
werden (der Prototyp)
Nachteile:
Es gibt keine richtige Abbruchbedingung.
Die Entwicklung bleibt häufig bei den Prototypen stehen.

Quelle: Atzenbeck, Claus: Grundlagen Mensch- Maschine- Interaktion, a.a.O., S. 21

Abb. 76: V- Modell

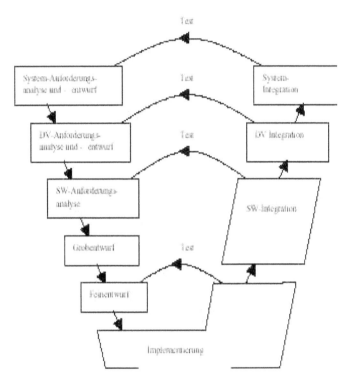

Quelle: Schmitt, Arndt: Diplomarbeit im Fach Allgemeine Wirtschaftsinformatik: Bedeutung und Gestaltung der Testprozesse in der adaptiven Softwareentwicklung, Köln 1999, S. 5

Abb. 77: Zyklisches Modell

Merkmale:

- Die Phasen werden der Reihenfolge nach durchlaufen (strenge Ordnung)
- Eher konservativ
- Wird meist angewendet, wenn dem Entwickler das Problem vollständig bekannt ist und funktionale Anforderungen klar spezifiziert sind
- oft mit Pflichtenheft

Vorteil: Es lässt sich schnell feststellen, ob irgendetwas übersehen wurde

Nachteil: Der Kunde sieht während der Entwicklung kaum ein Ergebnis

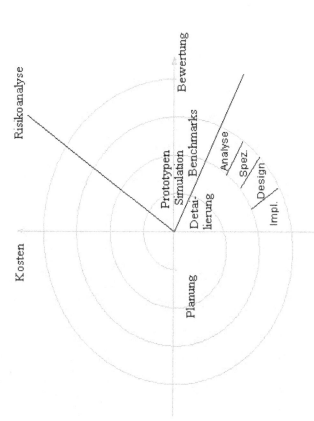

Quelle: http://www.cs.uni-magdeburg.de/~vanderse/ownstuff/prot_02.html vom 07.03.02

Abb. 78: Spiralmodell

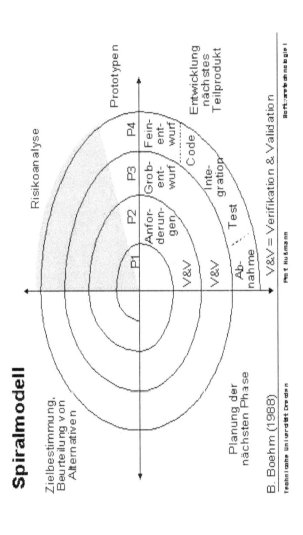

Quelle: http://ls5-www.cs.uni-dortmund.de/teaching/ss1999/softwaretechnologie/sld014.htm vom 07.03.02

Abb. 79: Ablauf des Prototyping

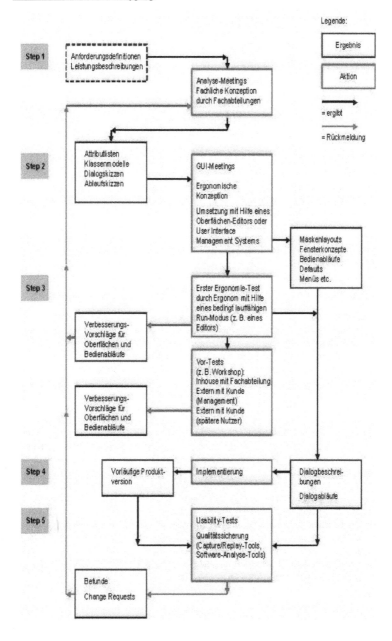

Beschreibung des Ablaufs

Step 1: Mit Hilfe der Anforderungsdefinitionen und Leistungsbeschreibungen für das Produkt werden in den fachlichen Meetings erste Attributlisten, Klassenmodelle, Dialogskizzen und -abläufe erstellt.
Fachliche Meetings und Design-Meetings: Falls der Ergonom über fachliche Kenntnisse verfügt, so spricht nichts dagegen, wenn dieser bereits bei der fachlichen Konzeption des Produkts dabei ist und später fachlichen Input im Zuge der Oberflächenrealisation gibt.
(Je nach Größe des Projekts vereinen sich unterschiedliche Aufgaben in einer oder mehrerer Personen. Im Übrigen beträgt die optimale Größe von Meetings beim Prototyping meistens drei Personen. Dies heißt nicht, dass weniger Leute dabei sind, denn Ergebnisse eines Meetings können von anderen überprüft werden.)

Step 2: Das Ergebnis der GUI- Meetings (GUI: Graphical User Interface = Benutzungsoberfläche) ist die Konzeption der Dialoge und Oberflächen nach ergonomischen Gesichtspunkten. In den GUI- Meetings sind fachliche Vertreter und Ergonomen vertreten. Auch hier gilt, je weniger Personen teilnehmen, desto besser, dies gilt jedoch nicht für die Beurteilung von Oberflächen anhand von Layout-Hardcopies. Schon während der Meetings oder danach werden die Ergebnisse mit Hilfe eines Oberflächen-Editors umgesetzt. Resultate sind erste richtige Maskenlayouts, Fensterkonzepte repräsentieren durch entsprechende Fensterarten und -hierarchien, Bedienabläufe grob repräsentiert durch Schaltflächen bzw. Defaults.

Step 3: Die Ergebnisse aus Step 2 werden ergonomisch und fachlich mit Hilfe eines Testmodus überprüft. Dies ist in einer Entwicklungsumgebung die Möglichkeit, mit unvollständiger Funktionalität (zum Beispiel funktionieren noch nicht alle Schaltflächen) Bedienabläufe und Grafik zu simulieren.
Der Ergonom ist typischerweise mit Reviews beauftragt. Falls er jedoch den Auftrag hat, Oberflächen zu konzipieren, ist es von entscheidender Bedeutung, das Design und Review nicht in einem Arbeitsschritt erledigt werden (dies gilt natürlich auch für alle anderen Personen mit diesen Aufgaben). Man sollte eine gewisse Zeitspanne vergehen lassen, bevor man die Arbeitsergebnisse erneut prüft und auf jeden Fall möglichst viele andere Personen in das Review mit einbeziehen.
Für die grafische Gestaltung ist eine Person notwendig, die sich mit den Regeln des grafischen Designs mit Hilfe von Standard-Oberflächen-Elementen sehr gut auskennt. Andernfalls werden die Design-Ergebnisse entsprechend miserabel.
In der Regel werden die Ergebnisse an die fachlichen Teams zurückgegeben. Je "lauffähiger" diese ersten Ergebnisse in Form von Oberflächen sind, desto besser. Oft lässt sich jedoch aufgrund des Programmieraufwands auf dieser Stufe nicht viel Lauffähiges zeigen, so dass das Oberflächen-Design von der eigentlichen Implementierung in diesem Beispiel-Ablauf getrennt ist. Verbesserungsvorschläge, die sich aus dem Design ergeben, werden ebenso weitergereicht. Dies betrifft auch das Einbeziehen von Kunden in diese erste Reviewphase, was zunächst oberflächlich in Form von Kundenworkshops geschehen kann.

Es ist ratsam, alle Review- Sessions durch einen professionellen Ergonomen überwachen zu lassen, denn er bringt normalerweise das methodische Wissen mit, wie man an verwertbare Reviewergebnisse für das Oberflächen-Design herankommt. **Step 4:** Wenn auf diese Weise mehrere Schleifen durchlaufen und Oberflächen-Entwürfe mehrfach fachlich geprüft sind, Verbesserungsvorschläge erarbeitet (was sich im übrigen hervorragend durch Screenshots bewerkstelligen lässt) und im Editor realisiert wurden, münden diese Ergebnisse in Dialogbeschreibungen und Dialogabläufe. Mit ihrer Hilfe entwickelt das Implementierungsteam die Oberflächen zu einem lauffähigen Prototypen.

Für das Programmierteam gelten gewöhnlich Beschreibungen und Abläufe des Prototyps als Vorlage. Andererseits kann es (des öfteren) vorkommen, dass gerade Bedienabläufe entweder nicht genau oder aber falsch festgelegt sind (weil Vorstellung und Realität zwangsläufig auseinander klaffen), oder zusätzlichen Aufwand bedeuten. Dies muss im direkten Dialog zwischen Ergonom bzw. Oberflächen-Designer und Implementierung geklärt werden.

Dieses im höchsten Maße wichtige Zwiegespräch besteht auch darin, erste funktionsfähige Bestandteile gemeinsam zu prüfen, und ist somit auch als erste interne QS- Stufe anzusehen.

Step 5: Der letzte Schritt im iterativen Design besteht in der Prüfung der Implementierungsergebnisse, einerseits durch den Ergonomen und die fachlichen Vertreter, andererseits durch methodisch einwandfreie Usability- Tests und durch die QS(=Qualitätssicherung)-Abteilung.

Ergebnisse dieses Schritts sind Befunde, die wiederum für eine erneute Prüfung der Oberflächen herangezogen werden können (danach gibt es nur noch Change Requests). Dieser Schritt ist jedoch sehr aufwendig, so dass er schon aus finanziellen Gründen nicht häufig durchlaufen wird, im Gegensatz zu den Schritten vorher (um realistisch zu sein; wünschenswert wäre natürlich der umgekehrte Fall).

Das Endprodukt ist eine lauffähige Version, die für einen Systemtest und danach für eine Pilotphase im Feld freigegeben werden kann. Dort werden andere Methoden durch die Ergonomie angewandt, die dann im Ablauf von Pilotierung und Einführung des Produkts angewandt werden.

Quelle: http://141.90.2.11/ergo-online/Software/S_Prototyping_abl.htm vom 05.03.02

Abb. 80: Arten des Prototyping

Typ	Beschreibung
1. Throw- away[19] Prototyping: (Rapid Prototyping)	Prototyp gebaut und getestet; Endprodukt nimmt Erfahrungen auf Realisierung und Vorführung eines Prototyps des Systems (seiner Benutzeroberfläche) mit Generatoren, ausführbaren Spezifikationssprachen, Skriptsprachen etc. Anschließend wird der Prototyp verworfen (throw away) und das System neu entwickelt Vorteile • Schnelle Klärung der Funktionalität und Risikominimierung • Vermeidung von Missverständnissen zwischen Entwickler und Auftraggeber • Früher Test der Benutzerschnittstelle Nachteile • Gefahr der Weiterverwendung des Prototypen (ungeplantes evolutionäres Modell) • Ggf. erheblicher Mehraufwand (Kosten)
2. Incremental Prototyping[20]:	Produkt in Module zerlegt; werden nacheinander gebaut und ausgeliefert jedes folgende Release besitzt ein Modul mehr erlaubt den Entwicklern, große Systeme in Phasen zu installieren, um Verzögerungen zwischen der Spezifikation und der Auslieferung zu vermeiden. Die Benutzer und die Entwickler einigen sich über Kerneigenschaften des Systems und die Softwareentwickler installieren das System Schritt für Schritt. Zwischen den einzelnen Phasen können diese Kerneigenschaften von den Benutzern getestet werden, so dass diese gegebenenfalls noch geändert werden können.
3. Evolutionary Prototyping[21]:	Prototyp verwendet zur nächsten

---

[19] Vgl. Abb. 80a
[20] Vgl. Abb. 80b

	Designentwicklung
	nicht unbedingt vollständiger Prototyp des Systems erstellt und der Kritik der Benutzer ausgesetzt. Kritik bewirkt Änderungen, die zu einer neuen Version der Prototypen führen. Wenn die Anwender mit dem Prototypen zufrieden sind, wird dieser als Endprodukt ausgeliefert Kompromiss zwischen Produktion und Prototyping
4. Weitere Formen "Full Prototyping"	Prototyp beinhaltet die komplette Funktionalität des zukünftigen Softwaresystems Lediglich die Leistung des Prototypen ist geringer
"Horizontal Prototyp"	beinhaltet alle Funktionen, die auf einer Ebene des Systems liegen Alle anderen Funktionen werden, soweit möglich, nicht in den Prototypen implementiert
"Vertical Prototyp"	
"High fidelity Prototyping"	Hat Funktionen aller Ebenen des Systems, bezieht sich jedoch nur auf einen eingeschränkten Teil des Systems Hierbei wird mit Hilfe eines anderen Mediums, z.B. Video, den potentiellen Benutzern das zukünftige System mit möglichst großer Genauigkeit vorgestellt
"Low fidelity Prototyping"	werden oft Materialien zur Präsentation verwandt, die weit entfernt vom eigentlichen Produkt liegen, um den Prototypen billiger und schneller erstellen zu können. Bei einem Softwareprodukt wird z.B. kein Softwareprototyp verwendet, sondern eine Darstellung auf Papier, um das System vorzustellen
"Chauffeured Prototyping"	beobachtet der zukünftige Benutzer einen anderen Menschen, meistens einen Systementwickler, beim Bearbeiten von Aufgaben mit einem Prototyp, ohne selbst mit dem System zu arbeiten.

---

[21] Vgl. Abb. 80c

	Dabei kann der Benutzer z.B. die Aufgabenabfolge im System mit seiner bisherigen Arbeit vergleichen, und den Entwickler auf eventuell aufgetretene Fehler aufmerksam machen
"Wizard of Oz Prototyping"	Benutzer interagiert mit dem System Er ist sich jedoch nicht bewusst, dass vor einem anderen Bildschirm ein Entwickler sitzt, der auf die Eingaben des Benutzers reagiert Hierbei können die Erwartungen des Benutzers erforscht werden Außerdem erlangen die Entwickler so ein gutes Verständnis für die Arbeitsweisen der Benutzer
Probleme bei Prototyping	Kostet Zeit, deswegen *rapid prototyping* Meisten Projektmanager haben keine Prototyping- Erfahrung Nicht-funktionale Features (z. B. Sicherheit, Zuverlässigkeit) bei Prototypen oft ausgeschaltet Prototyp kann nicht Basis für rechtlichen Vertrag sein, andere rechtliche bindende Grundlage nötig

Quelle: Atzenbeck, Claus: Mensch- Maschine- Interaktion, a.a.O., S. 25 f. und
http://www-cg-hci.informatik.uni-
oldenburg.de/~pgse96/Seminar/LStruewing.html#incpro vom 08.03.02

Abb. 80a: Throw- away Prototyping

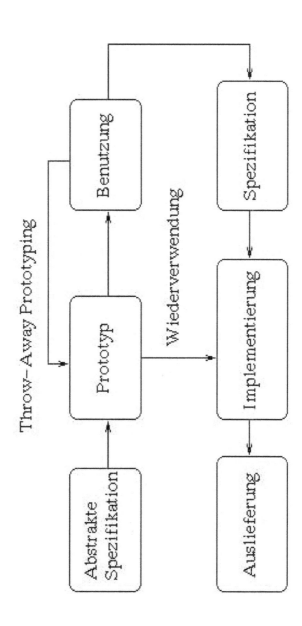

Throw–Away Prototyping

Abstrakte Spezifikation

Prototyp

Benutzung

Wiederverwendung

Implementierung

Spezifikation

Auslieferung

Quelle: http://www-vs.informatik.uni-ulm.de/Lehre/Seminar_Java/ausarbeitungen/OO-Einfuehrung/oo.html vom 08.03.02

Abb. 80b: Incremental Prototyping

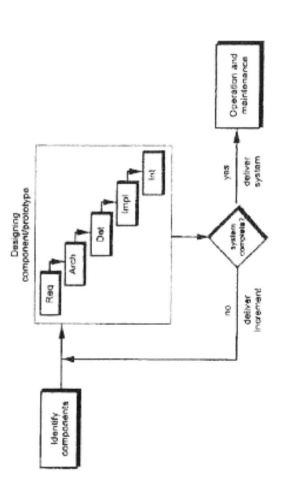

Quelle: Atzenbeck, Claus: Mensch- Maschine- Interaktion, a.a.O., S. 25

Abb. 80c: Evolutionary Prototyping

Evolutionary Prototyping

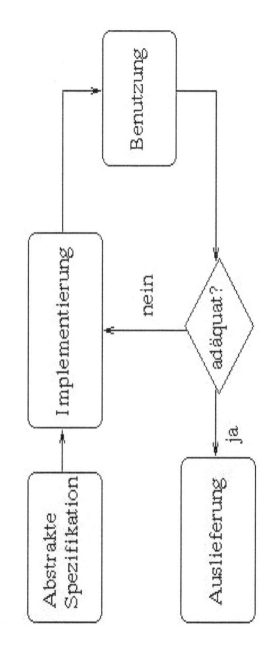

Quelle: http://www-vs.informatik.uni-ulm.de/Lehre/Seminar_Java/ausarbeitungen/OO-Einfuehrung/oo.html vom 08.03.02

Abb. 81: Techniken des Prototyping

1. Storyboards[22]	Die Vorgehensweise hat strukturelle Ähnlichkeiten mit den Vorgehensmodellen aus dem Software-Engineering. Der Produktionsablauf unterteilt sich in einzelne Phasen, welche in ihrer Gesamtheit ein lineares, sequentiell aufeinander aufbauendes Modell bilden, in dessen Mittelpunkt ein Drehbuch, das so genannte **Storyboard**, steht. Im Gegensatz zum Software- Engineering lassen sich in diesem Kontext keine Prototyp- Modelle einsetzen, da sich die abgeschlossene Filmsequenz nicht in mehreren Schritten verfeinern und detaillieren lässt, wie dies beim evolutionären Prototyping der Fall ist.
2. Papier Prototypen	Der Entwickler zeigt dem Benutzer einen Entwurf der Benutzungsschnittstelle auf Papier und lässt dann den Benutzer mit dieser Schnittstelle "interagieren". Dieses Vorgehen hat den Vorteil, dass der Prototyp schnell verfügbar ist, da nichts codiert werden muss, und er leicht veränderbar ist.
3. Simulationen mit begrenzter Funktionalität (z. B. mit Hypertextsystem HyperCard, Wizard of Oz)	Siehe Abb. 80
3. High- level programming[23] support (z. B. HyperTalk)	Compiler übersetzt Programmcode in Assemblercode high-level programming languages haben eine natürlichere Notation, aus der sich folgende Vorteile gegenüber Assemblersprache ergeben: Programmierer müssen nicht in kryptischen Symbolen denken höhere Programmierproduktivität durch Kürze und Prägnanz verschiedene Programmiersprachen entstehen für unterschiedliche Zwecke Programme sind unabhängig von dem Computer, auf dem sie entwickelt

---

[22] Vgl. http://www.iwi.uni-sb.de/iwi-hefte/heft132.html vom 08.03.02
[23] Vgl. Schick, Anne/Passow, Jana: Computer Abstractions and Technology, 2000, S. 8

	wurden, weil es Compiler und Assembler für alle möglichen Rechnertypen gibt
Probleme mit interaktiven Design	1. Oft werden Entscheidungen über Design zu Anfang eines Prototypen gemacht → sind oft falsch 2. Bei Fehlern muss Grund gefunden, nicht Symptome bekämpft werden

Quelle: Atzenbeck, Claus: Mensch- Maschine- Interaktion, a.a.O., S. 26

Abb. 81a: Elemente der Benutzermodellierung

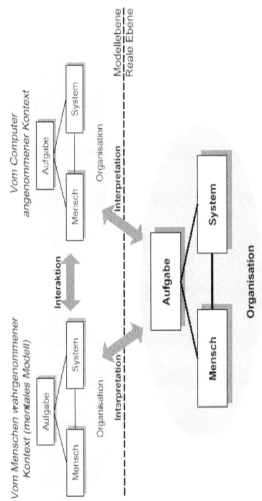

Quelle: Mertens, P./Höhl, M.: Wie lernt der Computer den Menschen kennen? Bestandsaufnahme und Experimente zur Benutzermodellierung in der Wirtschaftsinformatik, Erlangen 1999, S. 4

Abb. 82: Hierarchische Modelle

GOMS Model

G oals   Goals: Ziele des Benutzers

O perators   Operators: Grundlegende Bedienung, die Benutzer wissen muss, um das System zu benutzen

M ethods   Methods: Wege zum Ziel

S election   Selection: GOMS versucht, Methode, die verwendet werden wird, vorauszusagen

---

Beispiel: Schließen eines Fensters

```
GOAL: ICONIZE-WINDOW
. [select GOAL: USE-CLOSE-METHOD
. . MOVE-MOUSE-TO-WINDOW-HEADER
. . POP-UP-MENU
. . CLICK-OVER-CLOSE-OPTION
GOAL: USE-L7-METHOD
. . PRESS-L7-KEY]
```

---

2. CCT (Cognitive complexity theory):
Die Aktiven Komponenten sind Arbeitsspeicher, Interpreter und Ruleset.
Einzelne Regeln haben eine Wenn- Dann- Form. Viele der Strukturen aus GOMS finden eine Entsprechung.
Benutzt *generalized transition networks*
Produktionsregel: if *condition* then *action*
a) Beschreibung des Ziel des Benutzers
b) Beschreibung des Computersystems (bei CCT *device* genannt)

Erlerndauer für neue Vorgänge:

$$t^x n + c$$

t	=	Erlerndauer pro Regel (konst.)
n	=	Anzahl der Regeln – Anzahl allgemeingültiger Regeln
c	=	Zeit der bekannten Anteile (konst.)

Beispiel zur Leistungsmessung

Wenn 　　Ziel: Geld von Automat 　　　　abheben *Dann* 　　Karte einführen; 　　PIN eingeben; 　　Betrag eingeben; 　　Karte entnehmen; 　　Geld entnehmen;	*Wenn* 　　Ziel: Geld von Automat 　　　　abheben *Dann* 　　Karte einführen; 　　PIN eingeben; 　　Bildschirm lesen; 　　Auswahl aus: 　　"Geld abheben" 　　"Kontostand anzeigen" 　　"Geld abheben" auswählen; 　　Betrag eingeben; 　　Karte entnehmen; 　　Geld entnehmen;

Quelle: Atzenbeck, Claus: Mensch- Maschine- Interaktion, a.a.O., S. 27 und Glogger, Bustos Andre`: Interaktions- und Benutzermodelle in HCI, 2001

Abb. 83: Linguistische Modelle

1. BNF (Backus- Naur Form)

Siehe Anhang, Abb. 60a

2. TAG (Task– action grammar)

In TAG werden Interaktionsprozesse in elementare Vorgänge, sog. "Simple Tasks"
(ST) zergliedert.
STs sind grundlegende Aufgaben die ohne Problemlösungsstrategien bewältigt
werden können.
Wird versucht ein Modell einer Interaktion mit Hilfe von TAG darzustellen, so muss
man zu diesem Zwecke die STs identifizieren und katalogisieren.

Befehle
Cursor ein Zeichen nach rechts: ➤
Cursor ein Zeichen nach links: ◄
Cursor ein Wort nach rechts: ➤➤
Cursor ein Wort nach links: ◄◄

Simple Tasks

MoveCursorOneCharFwd {Dir = forward, Unit = character}
MoveCursorOneCharBack {Dir = backward, Unit = character}
MoveCursorOneWordFwd {Dir = forward, Unit = word}
MoveCursorOneWordBack {Dir = backward, Unit = word}

Rule Schema

1.1	Task [Direction, Unit] -> symbol + length [Unit]
1.2	Symbol [Direction = forward] -> "➤" | "➤➤"
1.3	Symbol [Direction = backward] -> "◄" | "◄◄"
1.4	Length [Unit = word] -> "◄◄" | "➤➤"
1.5	Length [Unit = character] -> "◄" | "➤"

Quelle: Glogger, Bustos Andre`: Interaktions- und Benutzermodelle in HCI, 2001

Abb. 84: Physikalische Modelle

1. **Keystroke level model**[24] (KLM) (Card, Moran Newell 1980)

- Modell zur Abschätzung der Benutzungsgeschwindigkeit

- Fünf motorische Operatoren, ein mentaler und ein Systemoperator

- Motorische Operatoren werden von der Übung und Geschicklichkeit des Benutzers beeinfluss der mentale ist vielfach applikationsspezifisch unterschiedlich, der Systemoperator wird von Rechengeschwindigkeit beeinflusst

Phasen[25]
a) Aneignung der Aufgabe: User erzeugt mentale Repräsentation der Aufgabe
b) Ausführung der Aufgabe mit den Möglichkeiten des Systems

Beispiel: P = Mauszeiger bewegen;
B = Maustaste drücken
Mauscursor an bestimmte Stelle positionieren = PB[Position]
Zeitmessung je Operator (hier: P, B) möglich

- Addition gibt Dauer von Benutzerbefehlen

2. **Tree- state model**[26]

Einfaches Modell von Input- Devices

Beispiel: Maus. Status 1 (tracking)! Taste drücken!
Status 2 (dragging)! Taste los!
Status 1

---

[24] Vgl. Wandmacher, Jens: Software- Ergonomie, a.a.O., S. 124 ff.
[25] Vgl. http://www1.informatik.uni-jena.de/Lehre/SoftErg/vor_t100.htm vom 08.03.02
[26] Vgl. Atzenbeck, Claus: Mensch- Maschine- Interaktion, a.a.O., S. 28

Abb. 85: Tätigkeiten der Implementierung
- Konzeption von Datenstrukturen und Algorithmen. (= Programmieren im Kleinen)
- Strukturierung des Programms durch geeignete Verfeinerungsebenen.
- Dokumentation der Problemlösung und der Implementierungsentscheidungen durch geeignete Verbalisierung und Kommentierung.
- Umsetzung der Konzepte in die Konstrukte der verwendeten Programmiersprache unter Verwendung von standardisierten Klassenbibliotheken oder Frameworks.
- Angaben zur Zeit- und Speicherkomplexität von Programmteilen in Abhängigkeit von Eingabegrößen
- Test oder Verifikation des entwickelten Programmteils; einschließlich der Planung und Erstellung von Testfällen für den Integrationstest.

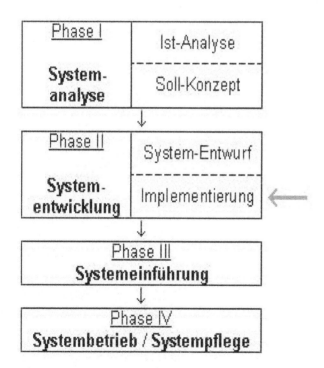

Quelle: Beham, Manfred: Implementierung (OOP), Fachhochschule Amberg-Weiden, Sommersemester 2001, S. 3 und http://www.bgbm.fu-berlin.de/projects/Examensarbeiten/Hildebrandt/diplom/kapitel4.htm vom 08.03.02

Abb. 86: Beispiele für Toolkits

OSF/Motif	Open Software Foundation:
	eine Organisation, die von mehreren UNIX-Herstellern zur Einführung und Durchsetzung eines einheitlichen UNIX-Standards gegründet wurde. Die UNIX-Benutzeroberfläche OSF/Motiv ist ein Ergebnis dieser Bemühungen
	Plattform für MOTIF Anwendungen Die Xlib Schicht enthält die elementaren Funktionen zur Interaktion sowie die Schnittstelle zum Betriebssystem. Die Xt Intrinsics Schicht (Toolkit) enthält elementare Klassen, um objektorientierte Benutzungsschnittstellen zu realisieren (z.B. Abfrage Mausfokus). Sie stellt z.B. das Grundgerüst der Widget Struktur von Motif oder Athena dar. Instanzierungen der Shell Widget Klassen dienen dem Einstieg in eine Anwendung und damit der Kommunikation mit dem Fenstermanagementsystem. Die Motif Widgets Schicht baut auf der Xt Intrinsics Schicht auf. Die Klassen Xm- Manager, XmPrimitive und XmGadget sind Klassen, welche Motif spezifischen Objekten zugrunde gelegt werden. Darüber hinaus legen sie die Motif spezifische Interaktionsform fest, welche sich durch dreidimensionales Aussehen der Objekte sowie eine spezielle Form der Navigation (tab group traversal navigation) auszeichnet. Die beiden zusätzlichen Shell Widget Klassen zur Hierarchie von Xt Intrinsics XmMenuShell und XmDialogShell

	dienen zur Spezifikation von top level Fenstern von Menüs bzw. Pop Up Interaktionen. Die Widgets legen also letztendlich fest, wie die Interaktionsobjekte aussehen. Die Alternative zu Motif sind die Athena Widgets.
XView (X)	Portierung von SunView nach X Xview - PC X-Server-Emulator- Programm zur Benutzung von PC's als X-Terminals Sun - Toolkit implementiert eine SunView analoge Programmierschnittstelle
Macintosh Toolbox	
Software Development Toolkit (MS Windows)	Plattformen für Windows- Anwendungen Die User Library enthält sämtliche Funktionen für das Management von Interaktionsmedien. Diese Funktionen erlauben die Bearbeitung von Benutzereingaben mittels Tastatur oder Maus sowie die Kommunikation zwischen Anwendungen via clipboard, einem Pufferbereich. Die Kernel Library enthält Funktionen zur Speicherverwaltung und Aufgabenreihung, für das Ressourcenmanagement und die Kommunikation mit dem Betriebssystem. Die Graphics Device Interface (GDI) Library enthält elementare Funktionen zur Ausgabe graphischer Information. Die Microsoft Control Class enthält die Interaktionselemente TextWindow, Label, Button, Menüleiste, ListBox, GroupBox, ComboBox (drop{down), CheckBox, SizeBox, Scrollbar etc.

Quelle: Maier, Thilo: Grundlagen der Interaktiven Systeme, 1999, S.33
http://www.commando.de/glossar/gloss-o.htm und
http://me.in-berlin.de/~surveyor/perls/cshg-suchen.cgi?suchen=XView vom 08.03.02

Abb. 87: UIMS

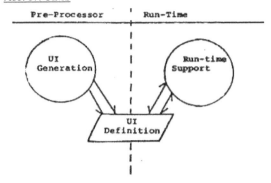

Hauptmodule eines typischen UIMS

Vorteile
1. Portabilität zu anderen Systemen
2. Wiederverwendbarkeit
3. Mehrere verschiedene Interfaces mit gleicher Funktionalität entwickelbar
4. Anpassbar von Designer und User

Logische Komponenten von UIMS (definiert 1985 in Seeheim)
1. Präsentation (Lexik): Aussehen des Interfaces
2. Dialogkontolle (Syntax): Kommunikation zwischen Applikation und Präsentation
3. Application interface (Semantik): Sicht der Applikationssemantik, die als Interface dargestellt wird

Seeheim UIMS

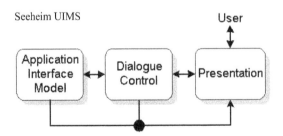

Quelle: http://www.billbuxton.com/UIMStax.html und
http://www.acm.org/sigchi/chi95/Electronic/documnts/papers/djk_bdy.ht vom
08.03.02

Abb. 88: Arten von Hilfesystemen

1. Command assistance:	**Hilfe für einzelne Befehlskommandos** gestattet dem Anwender, vom System eine Hilfestellung in Bezug auf einen genau definierten Befehl anzufordern. Als Beispiele können hier die Befehle *man* von UNIX-Systemen oder *help* von DOS-Systemen genannt werden. In der Regel kann zwischen Befehlskommandos unterschieden werden, die der Anwender sehr häufig zur Erledigung seiner Arbeit benötigt und denen, die er nur sehr selten einsetzt. Dies führt dazu, dass der Benutzer mit der Syntax von häufig benutzten Befehlen vertraut ist, die genaue Syntax von selten verwendeten Kommandos jedoch meist nicht im Kopf hat. Bei dieser Art der Anwenderunterstützung wird vom Benutzer vorausgesetzt, dass er weiß, wie der Befehl heißt und welchem Arbeitsschritt er dient. Diese Methode erweist sich als nicht sehr sinnvoll, wenn der Anwender sich über Arbeitsschritte oder Vorgehensweisen in Bezug auf diesen Befehl und seiner aktuellen Arbeitssituation informieren möchte.
2. Command prompts	**Befehlsprompts (Fehlermeldungen)** Diese Methode wird meist dann eingesetzt, wenn dem Anwender eine kurze, prägnante Hilfe gegeben werden soll. Sinnvoll erscheint diese Anwenderunterstützung insbesondere bei Fehlermeldungen, um den Benutzer von einer Fehleingabe in Kenntnis zu setzen. Eine solche Hilfe kann sich beispielsweise im Anzeigen einer korrekten Angabe ausdrücken. Beispiel: Das System erwartet vom Anwender die Eingabe eines Zahlenwerts. Wenn nun ein String eingegeben wird, kann das System neben einer Fehlermeldung dem Benutzer anzeigen, welche Eingabeform eigentlich erwartet wird.

3. Context- sensitive help	**Kontextsensitive Hilfe** zeigt das passende Hilfenthema an, wenn ein Benutzer F1 betätigt oder anklickt? Es gibt zwei Arten kontextsensitive Hilfe: Fenster-Niveau und Feld. z. B. Balloon help (Mac) Vergleiche Abb. unten
4. Demonstrationsprogramme	Demonstrationsprogramme zeigen in selbstablaufenden Sequenzen Funktionalität, Sinn und Zweck sowie den Leistungsumfang eines Systems. Sie dienen dem Anwender vor dem eigentlichen Gebrauch der Applikation zum Einstieg in das System. Demos sollten weitgehend selbsterklärend und selbststeuernd sein, da vom Benutzer zum Zeitpunkt der Demonstration keinerlei Vorkenntnisse vorausgesetzt werden können.
5. Assistenten	Assistenten verwalten vorgefertigte Problemlösungen, die vom Anwender ausgewählt und auf seine jeweilige Arbeitssituation hin modifiziert werden können um so zu einem schnellen und gewünschten Ergebnis zu gelangen. Assistenten sollten sich in erster Linie im Hintergrund halten und nur auf Wunsch des Benutzers in den Vordergrund treten.
6. Lernprogramme	Lernprogramme können den Anwender innerhalb einer Testumgebung in die Applikation einführen. Meist werden innerhalb einer solchen Lernphase Grundlagen vermittelt, um den Nutzen, Vorgehensweisen zu Problemlösungen und Bedienelemente darzustellen. Lernprogramme werden oft in mehrere kleine Lektionen unterteilt, welche vom Lernenden überschaubar sein sollen, um ihn nicht sofort mit der gesamten Komplexität der Applikation zu erdrücken.
7. On- line tutorials	User holt sich On Line Hilfe User bestimmt Geschwindigkeit und welche Teile er wiederholen will Kann wie ein Lernprogramm aufgebaut sein
8. On- line documentation	Dokumentation zur Software wird On Line für alle Benutzer mit freiem oder lizenziertem Zugriff bereitgestellt

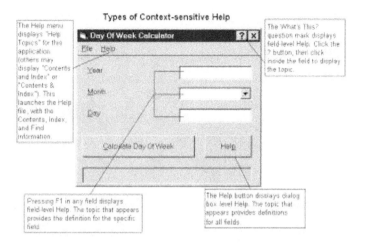

Quelle: http://www.helpstuff.com/HelpCornerArchives/06-2000/hc6-00.htm und
Atzenbeck, Claus: Mensch- Maschine- Interaktion, a.a.O., S. 40 und
http://www.inf.tu-
dresden.de/ST2/pw/lv_bdt/hyperbase/buch/grundlagen/hilfesysteme/onlinehelp.htm
vom 08.03.02

Abb. 89: Intelligente Hilfesysteme

1. User Modelling	Designer entwirft System für typischen User
	• Andere Systeme: User-Profile file
	• (z. B. file `.profile` bei UNIX)
	Möglichkeiten zur Profilerstellung
	Quantification: System kennt verschiedene Anfänger-/Expertenlevel.
	a) Benutzer wechselt nach bestimmter Systemnutzungszeit
	Automatische Benutzermodellierung nach Stereotypen: Stereotypen basieren auf Charakteristiken (z. B. einfache Unterscheidung Anfänger/Experte, komplexe zusammengesetzte Stereotypen)
	Overlay models: Festes Modell wird mit Benutzerverhalten verglichen
2. Domain- und Task-Modelling	System kennt gewöhnlichen Gebrauch, Fehler und Aufgaben; versucht, Benutzermodell nach aktuellem Plan des Benutzers zu machen
3. Modelling advisory strategy	System versucht, Intention des Users zu finden und entsprechende Problemlösung zu bieten

Quelle: Atzenbeck, Claus: Grundlagen MMI, a.a.O., S. 40 f.

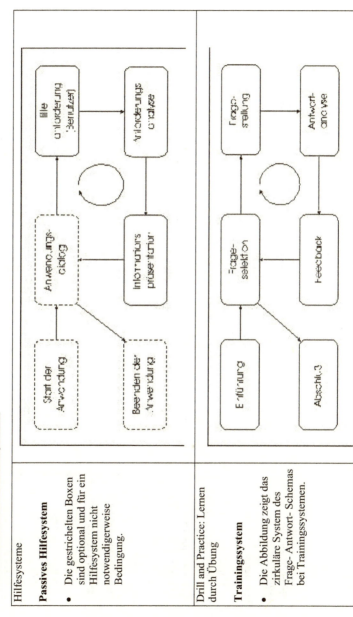

Abb. 90: Klassifikation von Lernsystemen

Hilfesysteme	
Passives Hilfesystem	
• Die gestrichelten Boxen sind optional und für ein Hilfesystem nicht notwendigerweise Bedingung.	
Drill and Practice: Lernen durch Übung	
Trainingssystem	
• Die Abbildung zeigt das zirkuläre System des Frage- Antwort- Schemas bei Trainingssystemen.	

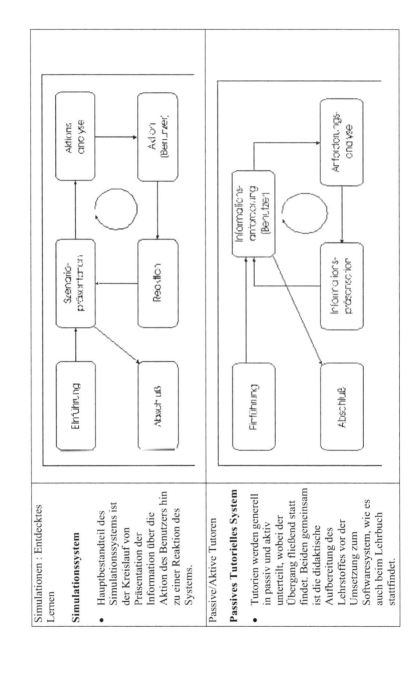

Simulationen : Entdecktes Lernen

Simulationssystem

- Hauptbestandteil des Simulationssystems ist der Kreislauf von Präsentation der Information über die Aktion des Benutzers hin zu einer Reaktion des Systems.

Passive/Aktive Tutoren

Passives Tutorielles System

- Tutorien werden generell in passiv und aktiv unterteilt, wobei der Übergang fließend statt findet. Beiden gemeinsam ist die didaktische Aufbereitung des Lehrstoffes vor der Umsetzung zum Softwaresystem, wie es auch beim Lehrbuch stattfindet.

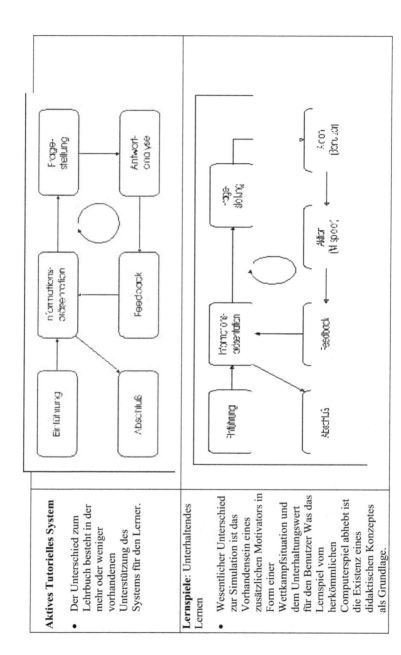

Aktives Tutorielles System

- Der Unterschied zum Lehrbuch besteht in der mehr oder weniger vorhandenen Unterstützung des Systems für den Lerner.

Lernspiele: Unterhaltendes Lernen

- Wesentlicher Unterschied zur Simulation ist das Vorhandensein eines zusätzlichen Motivators in Form einer Wettkampfsituation und dem Unterhaltungswert für den Benutzer Was das Lernspiel vom herkömmlichen Computerspiel abhebt ist die Existenz eines didaktischen Konzeptes als Grundlage.

Problemlösungen : Learning by Doing

Problemlösungssystem

- Der Kreislauf charakterisiert die Reihenfolge der Kommunikation zwischen System und Benutzer, bis hin zur Problemlösung.

Einordnung der Lernsysteme

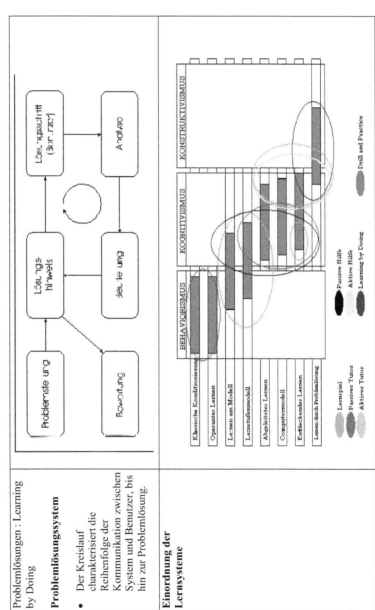

Quelle: www.mindfactory.com/thesis/3/3.htm vom 10.03.02

Abb. 91: Design von Hilfesystemen

Zur effektiven Präsentation von Hilfe gehört:
- Aussehen wie Interface selbst
- Einfach, verständliche Sprache, kein Jargon
- Gleicher Inhalt wie gedruckte Manuals
- Mitteilen, wie System benutzt wird, nicht wie System beschrieben wird
- Nicht zu große Seiten, logische Unterteilung (evt. Hypertext)
- Auch Implementationsfragen müssen gelöst werden:
- Hilfe als Kommando, Meta-Kommando oder Applikation?
- Hardware: Speicher, Geschwindigkeit, Monitorgröße
- Einzelnes File, File- Hierarchie, Datenbank? (Struktur soll flexibel sein!)
- Browsebar, durchsuchbar?
- Ausdrucken?

Erstellen anwenderunterstützender Hilfesysteme

Beim Entwurf eines Hilfesystems stehen dem Entwickler mehrere Methoden zur Auswahl, aus denen eine Entscheidung getroffen werden muss.

Dabei gilt es zu berücksichtigen:

- Das Design eines Hilfesystems darf nicht als Ergänzung zum Systemdesign gesehen werden, vielmehr sollte das Hilfesystem zusammen mit der Anwendung entwickelt werden
- Verwendung derselben Modellierungs- und Analysetechniken wie bei der Entwicklung der Anwendung
- Untersuchen von Inhalt und Kontext der Hilfe, unabhängig von der zur Verfügung stehenden Technologie zur Entwicklung des Hilfesystems
- Analysieren der Benutzergruppen. Soll das Hilfesystem Experten, Fortgeschrittenen, Anfängern oder allen Anwendergruppen dienen?
- Kann das Hilfesystem die erforderliche Ausführungsgeschwindigkeit (kurze Antwortzeiten) erreichen?
- Kann das Hilfesystem zukünftig auf einfache Weise gepflegt, d.h. den Updates der Applikation angepasst werden?
- Können die Autoren ihre Hilfetexte selbst in das Hilfesystem integrieren?

Letztendlich obliegt es dem Entwickler des Hilfesystems, die für seine Anwendung passende Auswahl zu treffen. Wichtig ist es, sich bei der Entwicklung immer wieder in die Denkweise des Anwenders zu versetzen der Hilfe benötigt.

Man muss sich dabei vergegenwärtigen, dass sich der Anwender in einer Situation befindet, die er ohne Hilfestellung nicht lösen kann. Dabei ist wenig Information, aber genau die richtige das was er benötigt und diese muss einfach und komfortabel zur Verfügung gestellt werden.

Quelle: Atzenbeck, Claus: Grundlagen MMI, a.a.O., S. 41 und http://www.inf.tu-dresden.de/ST2/pw/lv_bdt/hyperbase/buch/grundlagen/hilfesysteme/onlinehelp.htm vom 08.03.02

1. Konfiguration und Präsentation komplexer Anwendungen am Beispiel von SAP[27]

1.1. Bestehende Ansätze

1.1.1. Put the User in Control

Aus der psychologischen Forschung ist seit längerem bekannt, dass subjektiv wahrgenommene fehlende Kontrolle über die Umwelt irritierend, belastend und motivationsmindernd wirkt. Diese Erkenntnis liegt letztlich den software-ergonomischen Forderungen nach Steuerbarkeit, Transparenz und Erwartungskonformität von Softwaresystemen zugrunde und hat im Prinzip der "Direkten Manipulation" und im "WYSIWYG-Prinzip" Einfluss auf die Gestaltung heutiger Softwaresysteme genommen. Die Verletzung dieser Prinzipien oder "usability heuristics" trägt nach einer Analyse von Nielsen wesentlich zur Erklärung von Benutzbarkeitsproblemen bei. Die erklärungsstärksten ersten vier Faktoren hierfür lauten:

(1) Visibility of system status,

(2) Match between system and real word,

(3) User control and freedom,

(4) Consistency and standards[28].

Nach diesen Prinzipien gestaltete Systeme bieten dem Benutzer grafisch eine möglichst vertraute Abbildung seiner bekannten Umwelt und deren Objekte an und erlauben ihm eine möglichst direkte und sofort sichtbare Änderung dieser Abbildung. Programmsymbole können in diesem Paradigma direkt an den gewünschten Ort verschoben werden und auf diese Weise sichtbarer und zugreifbarer gemacht werden oder versteckt werden, weil weniger wichtig oder häufig genutzt. Da die direkte Manipulation in vielen Fällen an Grenzen stößt, wird das Sichtbar- bzw. Unsichtbarmachen von Programmen oder Funktionen oft zusätzlich oder ausschließlich indirekt mittels Menüs und Funktionstasten angeboten. Neben dieser Wahl der Anordnung und Sichtbarseins von Arbeitsobjekten kann der Benutzer in der Regel noch die grafische Repräsentation vieler Objekte beeinflussen. Zentrales Merkmal eines derartigen Systems ist, dass das System solange unverändert bleibt, bis der Benutzer mittels der genannten Möglichkeiten explizit die Systemkonfiguration ändert, es somit ein adaptierbares System ist. Dieses Prinzip der Adaptierbarkeit führt aus mehreren Gründen zu Problemen, wie am Beispiel von Windows deutlich wird (Abb. 1):

1　Es werden redundante Möglichkeiten für die gleiche Aufgabe angeboten: Programme können gleichzeitig im Startmenü, in der Office- Shortcutleiste, in der Task- Bar, im Benutzermenü des Startmenüs, auf dem Desktop und im Ordnerfenster abgelegt werden, ermöglicht durch Objektkopien. Es ist fraglich, ob Benutzer mit diesem Konzept der Objektreferenzen tatsächlich eine Kontrolle der Umwelt bekommen.

2.　Viele Einstellungsprobleme werden auf den Benutzer verlagert, in der Annahme, dass der Benutzer selbst am besten weiß, was für ihn optimal geeignet ist. Dieses ist unserer Meinung nach bei der Art und Fülle heute angebotener Einstellungsmöglichkeiten zu hinterfragen. In den= Prüfgrundsätzen der Unfallverhütungsvorschrift geht man folgerichtig nur

---

[27] Vgl. Auf Basis von: Eberlch, Edmund/Meinke, Falco/SAP AG Walldorf: OASE: Eine Arbeitsumgebung für komplexe Anwendungssysteme in: Böcker, Heinz- Dieter (Hrsg.): Software- Ergonomie `95, Stuttgart 1995, S. 125- 141

[28] Vgl. Wandmacher, Jens: Software- Ergonomie, a.a.O., S. 11 f.

noch davon aus, dass ein System in *einer* Einstellung der Vorschrift genügen muss, um das Prüfsiegel zu bekommen. Was dann vor Ort der Benutzer am System verändert, entzieht sich völlig der Kontrolle des Herstellers, so dass ein ergonomie-geprüftes System in der Praxis völlig zum Ungünstigen hin verstellt werden kann.

3. Die Einstellungsdialoge erhöhen zumindest initial den Aufwand im Bereich des Interaktionsproblems. Inwieweit längerfristig dadurch tatsächlich die beabsichtigte Optimierung im Arbeiten mit dem Softwaresystem eintritt, ist gerade unter Berücksichtigung von Punkt 2 fraglich.

Die Einstellungen müssen von jedem Benutzer individuell neu vorgenommen werden. In manchen Fällen werden zwar Voreinstellungen oder Paletten mitgeliefert. Diese bieten eine gewisse Erleichterung bei der Einzelauswahl, geben aber trotzdem kaum einen Hinweis auf die Angemessenheit der Wahl.

Abb. 1: Konfigurationsmöglichkeiten von Anwendungen in Windows

Insgesamt stehen den positiven Möglichkeiten einer adaptierbaren Benutzungsschnittstelle somit vielfältige Kosten gegenüber, die ein exaktes Bewerten dieses Gestaltungsprinzips auch bei empirischen Untersuchungen erschweren und bisher unklar lassen.

1.1.2. Don't bother the User with all Tasks

Eine weitere, bereits seit längerem bestehende arbeitspsychologische Forderung besteht darin, die Aufgaben- und Funktionsverteilung zwischen Mensch und Rechner ausdrücklich im Gestaltungsprozess eines Mensch-Rechner-Systems mit zu berücksichtigen. Ein Task, durch den das System adäquat unterstützt wird, indem es ihm bestimmte Routinetätigkeiten oder für die Sachaufgabe nicht notwendige Tätigkeiten abnimmt. Um dieses zu erreichen, ist ein Modell über den

Aufgabenbereich und -ablauf und den Benutzer erforderlich. Derartige Modelle können zur Erreichung von Aufgabenangemessenheit in zwei Richtungen eingesetzt werden: (1) zur Verringerung des Interaktionsproblems, indem der Computer die Präsentation und Interaktion selbständig an den Benutzer optimal anpasst (adaptives System), und (2) zur Unterstützung bei der Sachaufgabe, indem der Computer dem Benutzer schwierige oder langweilige Tätigkeiten selbständig abnimmt (intelligente Agenten). In beiden Fällen verliert der Benutzer mehr oder weniger die Kontrolle über das Verhalten des Computersystems. Es liegt somit ein Konflikt bezüglich verschiedener software-ergonomischer Gestaltungskriterien vor. Ein Vorschlag zur Lösung des Konfliktes zwischen Flexibilität und Transparenz besteht im Anbieten einer "Schalttafel", wo sämtliche Modifikationsmöglichkeiten mit dem aktuellen Zustand ersichtlich sind und auf Wunsch geändert werden können. Eine ausschließliche, automatische Anpassung und Einstellung der Benutzungsoberfläche durch das System selbst wird denn auch als kritisch eingeschätzt, ist jedoch trotzdem Gegenstand aktueller Arbeiten zur Softwareergonomie und kontextsensitiven Hilfesystemen. Kontrovers verhält es sich ebenfalls bezüglich der Forderung zum Arbeiten mit intelligenten Agenten. In einer Reihe von Studien werden Agenten als Lösung zur Bewältigung der Informationsflut verwendet und werden auch zur systemgesteuerten Auswahl der für den Benutzer sinnvollen Funktionalität eingesetzt. Der Benutzer gibt somit als Preis einer effektiven Aufgabenerledigung einen wesentlichen Teil seiner Autonomie an das System ab, was von anderen Autoren als äußerst kritisch gesehen wird.

1.1.3. The User wants to get his Job done

Im Folgenden möchte SAP einen dritten Weg zur Unterstützung des Benutzers beim Einstellen seines Systems aufzeigen. Diese Alternative basiert auf der Annahme, dass ein Benutzer in einer Arbeitssituation (nur dieser Anwendungskontext liegt den weiteren Überlegungen zugrunde) in der Regel nicht die Zeit und Lust hat, sich mit den vielfältigen Individualisierungsmöglichkeiten seines Rechners intensiv zu beschäftigen, da diese Tätigkeiten nichts mit seiner eigentlichen Aufgabe zu tun haben. Idealerweise sollte der Benutzer eine Software vorfinden, welche für seine persönliche Arbeitstätigkeit bereits so gut wie möglich angepasst ist, so dass er nur noch geringfügige und aktiv kontrollierte Anpassungen vornehmen muss. Die Vorkonfiguration des Systems sollte nicht in kaum nachvollziehbarer Weise dynamisch durch einen "intelligenten" Agenten geschehen, sondern auf der Grundlage einer expliziten und damit diskutierbaren Aufgabenbeschreibung des Benutzers. Die "Intelligenz" eines Softwaresystems sollte nach der Meinung von SAP ausschließlich dazu dienen, die von den Benutzern als sinnvoll definierte Organisations- und Aufgabenstruktur in ein leicht benutzbares Softwarewerkzeug zur Unterstützung dieser Inhalte umzusetzen. Wie eine derartige Lösung konkret aussehen kann, stellt sich nachfolgend am Beispiel des SAP R/3-Systems dar.

1.2. Charakterisierung des R/3- Systems und Probleme

Das R/3-System der SAP AG ist ein Softwarepaket für integrierte betriebswirtschaftliche Standardanwendungen. Es ist modular aufgebaut und deckt den gesamten Bereich betrieblicher Funktionen ab. Während das R/3-System nach außen als eine abgeschlossene Einheit im Desktop des jeweiligen Front-End-Geräts erscheint, stellt es nach innen ein sehr komplexes Paket vieler miteinander vernetzter

Anwendungen und Daten dar. In der Vergangenheit (bis Release 3.0) wählte ein
Benutzer seine Funktionen folgendermaßen aus: wenn er den Namen
(Transaktionscode) der Anwendung kennt, konnte er ihn direkt in einem
entsprechenden Feld eingeben (Gedächtnisproblem!). Der normale Weg war jedoch,
die Anwendung durch Klicken mit der Maus aus einem Menübaum herauszusuchen
(vgl. Abb. 2) wie beim Startmenü von Windows.

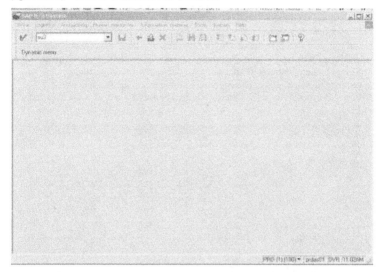

Abb. 2: Herkömmlicher Menüeinstieg in R/3-Anwendungen

Bei einer maximalen Zahl von ca. zehntausend (!) Anwendungs- und
Berichtsvarianten war dies für den Endbenutzer nicht immer eine einfache Aufgabe,
selbst wenn die Menüebenen bereits aufgabenangemessen strukturiert waren. Ein
durchschnittlicher Benutzer verwendet nur 10 bis 50 Anwendungen aus der
Gesamtmenge, die allerdings in der Regel sehr häufig (Sachbearbeiter). Allerdings
gibt es noch eine zweite Gruppe von Benutzern, die sehr viel mehr Anwendungen
nutzen, diese jedoch eher unregelmäßig und seltener (Führungskräfte). Mit dem
nachfolgend dargestellten Ansatz wollte SAP drei Probleme lösen:
1. wie können Benutzer die von ihnen genutzten Funktionen aus einem
   umfangreichen Gesamtsystem auswählen,
2. wie kann das System sie dabei unterstützen, so dass nicht jeder Benutzer
   diese Auswahl alleine und immer wieder neu treffen muss,
3. wie können Benutzer eine einmal getroffene Auswahl individuell und schnell
   anpassen

1.3. Ansatz zur modellbasierten Konfiguration

Das Spektrum der Anwender einer komplexen betriebswirtschaftlichen Software
reicht vom mittelständischen Betrieb bis zum multinationalen Konzern. Ebenso sind
alle Branchen vertreten, die das R/3-System einsetzen, seien es z.B. traditionelle
Maschinenbauunternehmen, die Chemiebranche, die Autoindustrie, Hitech-

Unternehmen, Energieversorger, Versandhandel, Medienkonzerne oder auch öffentliche Unternehmen. Entsprechend unterschiedlich sind die Nutzungsbedürfnisse der Anwender. Daraus ergibt sich die Notwendigkeit, die Standardsoftware auf die jeweiligen Bedürfnisse des Kunden einzurichten. Um dies zu ermöglichen, können die Einstelltransaktionen des Systems topdown aufgrund von einer sogenannten "Anwendungskomponentenhierarchie" ausgewählt werden. Dieser Komponentenbaum bildet eine generalisierte betriebswirtschaftliche Organisationsstruktur ab (s. Abb. 3). Die Menge der angezeigten Anwendungen ändert sich jedoch nicht.

Die Idee für die im folgenden beschriebene neuartige Präsentationskomponente des R/3-Systems, den sogenannten "Session Manager", ist es, diese Metadatenstruktur der Komponentenhierarchie für die Auswahl der betriebswirtschaftlichen Anwendungen auszunutzen. Die angestrebte Lösung soll die Komplexität der bisherigen Auswahl von Anwendungen für den Endbenutzer (vgl. Kapitel 3) dadurch reduzieren, dass die Gesamtmenge der R/3-Anwendungen zweifach reduziert wird:

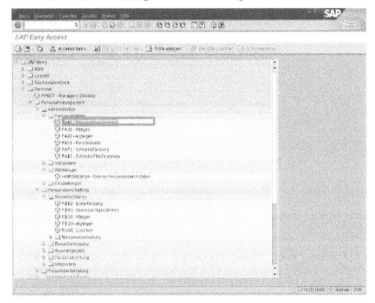

Abb. 3: Ein kleiner Ausschnitt der Anwendungskomponentenhierarchie

1. Ziel: Bereitstellung eines *Unternehmensmenüs* durch eine modellbasierte *Reduktion* der Gesamtzahl von Anwendungen im R/3-System auf diejenigen, die der Kunde tatsächlich nutzen möchte, und durch *Konstruktion* eines sichtbaren Menübaumes, der die Anwendungen tätigkeitsorientiert darstellt.

Ansatz: Nutzung der Darstellungsstruktur des "alten" R/3-Menübaumes (vgl. Abb. 2), an dem alle Anwendungen hängen, und zusätzliche Zuordnung aller

R/3-Anwendungen zu den Anwendungskomponenten der
Komponentenhierarchie.

Bei der Systemeinführung werden diejenigen Zweige aus der
Komponentenhierarchie ausgewählt, die aktiv werden sollen. Dadurch bestimmt sich
die Menge der Anwendungen, die das "unternehmensspezifische Menü" bilden. Aus
der reduzierten Menge der Anwendungen wird der sichtbare Baum konstruiert.

2. Ziel: Bereitstellung eines **Benutzermenüs** durch eine modellbasierte
Reduktion der im Unternehmen eingesetzten Anwendungen, auf diejenigen,
die ein bestimmter Endbenutzer ausführen darf und soll und ebenfalls durch
Konstruktion eines sichtbaren Menübaumes wie unter 1. beschrieben.

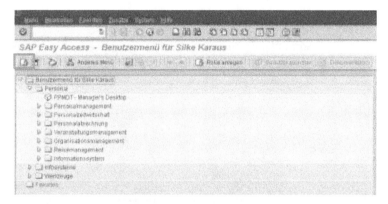

Abb.4: Benutzermenü

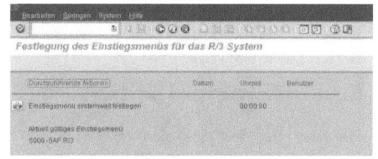

Abb. 5: Einstiegsmenü in das SAP- System

Ansatz: Organisationen lassen sich dadurch charakterisieren, dass Mitarbeiter auf
ihnen zugeordneten Stellen bestimmte Aufgaben ausführen.

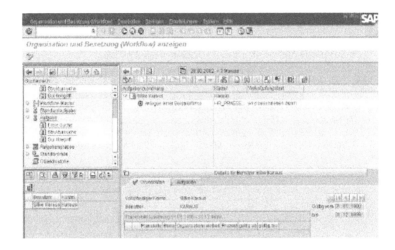

Abb. 6: Aufgaben für Benutzer

Die Idee ist, im R/3-System *Stellen* mit zugehörigen *Aufgaben* zu definieren, d.h. einer Stelle R/3-Anwendungen zuzuordnen und diese einem Stelleninhaber mitzugeben. Aus der Menge der Aufgaben einer Stelle (R/3-Anwendungen) lässt sich dann ein benutzerspezifisches Menü generieren.

Abbildung 7 verdeutlicht den Ansatz: R/3-Anwendungen werden einmal der Komponentenhierarchie zugeordnet und zum anderen vordefinierten Stellen.

Aufgrund der Auswahl bestimmter Bereiche aus der Komponentenhierarchie können die benötigten Anwendungen bestimmt werden, und mit Hilfe der Struktur des alten Menübaumes kann das Unternehmensmenü konstruiert werden. Mit Hilfe einer Stelle werden die Anwendungen pro Benutzer bestimmt, und daraus wird aufgrund der Menübaumstruktur das Benutzermenü konstruiert.

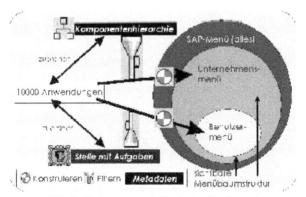

Abb. 7: Struktur zur modellbasierten Konfiguration

1.4. Die Konstruktionskomponenten des Session- Managers

1.4.1. Sichtbare Menübaumstruktur und die zugrundeliegende Struktur

Die Komponentenhierarchie bildet eine betriebswirtschaftliche Gliederung eines Unternehmens. Der Endbenutzer dagegen muss bestimmte Aufgaben an seinem Arbeitsplatz bearbeiten, die eine zeitliche aber auch inhaltliche Gliederung besitzen. Welche Aufgaben der Endbenutzer bearbeiten darf, hängt zusätzlich von seiner Stellung im Unternehmen ab. Die Struktur des eigentlichen Menübaums mit allen Anwendungen, den der Endbenutzer sieht, soll aber seinen Arbeitsbereich möglichst adäquat abbilden. Diese Information liegt im System bereits in Form der "alten" Menübäume vor. Die Menübäume wurden so definiert, dass sie möglichst ganzheitlich bestimmte Arbeitsbereiche (Bereichsmenü) abbilden, d.h. die Menübäume eignen sich zur Darstellung des "unternehmensspezifischen" als auch "benutzerspezifischen" Menüs.

Die Verbindung zwischen den sichtbaren Menübäumen und der Komponentenhierarchie wurde von uns durch Zuordnung aller Anwendungen zur Komponentenhierarchie geschaffen. Damit sind alle Daten abgelegt, um aus einer vom Kunden reduzierten Komponentenhierarchie ein sichtbares Unternehmensmenü zu erzeugen.

1.4.2. Stellen, Aufgaben und Tätigkeitsklassen

Für die Erzeugung des Benutzermenüs sind weitere Daten im System abzulegen. Dabei muss der Prozess der Definition von Stellen mit Aufgaben sinnvoll unterstützt werden. Eine einfache Auswahl von Anwendungen aus der Gesamtmenge von 10000 Anwendungen würde bei dem Stellendefinierer voraussetzen, dass er genau weiß, welche Anwendungen für welche Stelle benötigt werden. Man kann nicht davon ausgehen, dass dieses Wissen vorhanden ist. Was allerdings vorhanden ist, ist ein Wissen über die Struktur der Komponentenhierarchie und über die hierarchische Position der zu definierenden Stelle innerhalb der Organisation, z.B. Führungskraft. Mit Hilfe von Anwendungskomponenten der Komponentenhierarchie lässt sich eine Stelle bzgl. ihrer organisatorischen Einbettung beschreiben, z.B. Bereichscontrolling.

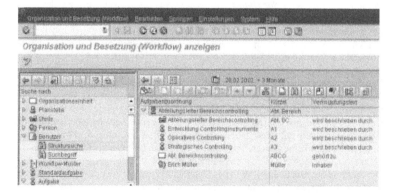

Abb. 9: Hierarchie und Aufgaben

Durch Auswahl der hierarchischen Position innerhalb der Organisation dagegen kann das Spektrum der Aufgaben beschrieben werden. Mit diesen beiden Dimensionen lassen sich die Aufgaben einer Stelle genau beschreiben.

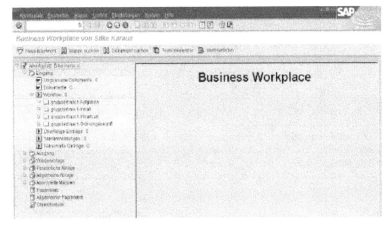

Abb. 10: Business Workplace

So erhält jeder Mitarbeiter seinen Arbeitsplatz mit den entsprechenden Aufgaben.

1.4.3. Filterung und Konstruktion

Durch die Zuordnung aller Anwendungen zu Anwendungskomponenten können sowohl das Unternehmensmenü und aufgrund einer Stellenbeschreibung das Benutzermenü automatisch erzeugt werden.

Dazu wird ein zweistufiger Prozess benutzt: ein *Analyseprozess* und ein nachfolgender *Konstruktionsprozess*.

Der *Analyseprozess für das Unternehmensmenü*: der Kunde wählt aus, welche Zweige der Komponentenhierarchie von ihm gewünscht sind. Anhand der Tabelle, welche die Zuordnungen Anwendungen zu Anwendungskomponenten enthält, werden diejenigen Anwendungen vermerkt, die den ausgewählten Anwendungskomponenten zugeordnet wurden.

Der *Analyseprozess für das Benutzermenü*: in einer Stellenbeschreibung werden Tupel aus Anwendungskomponenten und Tätigkeitsklassen festgelegt. Aufgrund dieser Tupel werden anhand der Zuordnungtabelle die Anwendungen vermerkt, die den entsprechenden Tupeln entsprechen.

Der *Konstruktionsprozess*: aufgrund der übriggebliebenen Anwendungen werden alle die Zweige aus dem zur Präsentation anstehenden Gesamtmenübaum eliminiert, die an ihren Blättern keine Anwendungen mehr enthalten. Es entsteht ein Menübaum, der nur noch die gewünschten Anwendungen enthält.

Der entstandene Menübaum, sei es das Unternehmensmenü oder das Benutzermenü, wird von der Präsentationskomponente automatisch angefordert und auf dem PC gepuffert.

1.5. Die Präsentationskomponente des Session- Managers

Der Session Manager präsentiert sich dem Endbenutzer als eigenes paralleles
Fenster. Wenn man sich am R/3-System anmelden möchte, startet man den Session
Manager und gibt Benutzernamen, Kennwort, Mandant und Sprache an und wählt
eine Systemkennung aus.
Nach erfolgter Anmeldung kommt jeweils pro Systemanmeldung ein eigenes
Register hoch, welches die eigentlichen Komponenten zur zentralen Steuerung der
Anwendungen enthält.

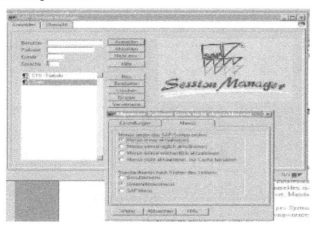

Abb. 11: Session Manager

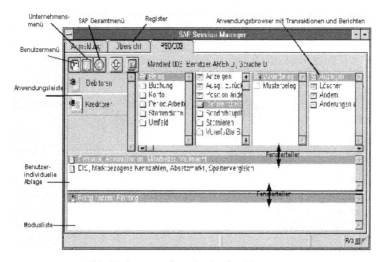

Abb. 12: Systemregister des Session Managers

Die oberste Reihe wird durch die Systemregister gebildet. Hier kann der Benutzer zwischen Anmeldebild, Übersichtsbild und den einzelnen Systemen wechseln. Darunter erscheint eine Kontrollleiste mit den Funktionen zur Auswahl einer bestimmten Sicht auf die R/3-Anwendungen (Benutzermenü, Unternehmensmenü und SAP-Gesamtmenü), der Abmeldefunktion und der Funktion zum Aufruf der Hilfe zum Session Manager. Die Anwendungsleiste enthält die Einstiegsbereiche in das R/3-System.

Im Falle des SAP-Menüs sind dies die Bereiche "Finanzwesen", "Personal", "Informationssysteme- Katalog", "Logistik", "Büroanwendungen" und "Werkzeuge" (Workbench, Administration). Der Anwendungsbrowser neben der Anwendungsleiste enthält dann die jeweiligen Äste der Anwendungen zu dem gewählten Anwendungsbereich.

Ein Beispiel möge die Funktionsweise verdeutlichen: wählt man das Gebäude-Icon aus der Kontrollleiste aus, wird das aufgrund des Einführungsprozesses erzeugte Unternehmensmenü geladen und angezeigt. Es erscheinen in der Liste links und im Browser nur noch die Äste, die aufgrund der Auswahl von Komponenten übriggeblieben sind. Der Benutzer klickt in der Anwendungsleiste einen Bereich an. Von links nach rechts steuert er sich bis zur gewünschten Anwendung und startet diese durch Doppelklick mit der Maus oder durch Ziehen in den Bereich der Modusliste. Die browserartige Darstellung eines Baums hat gegenüber der baumartigen Darstellung im Microsoft Explorer den Vorteil, dass der jeweilige Kontext zu einer getroffenen Wahl auf der nächsthöheren Hierarchieebene des Baumes erhalten bleibt.

Der mittlere Bereich des Session Managers beinhaltet die "benutzerspezifische Ablage". Hierein kann der Benutzer mittels Drag und Drop häufig genutzte Anwendungen hineinziehen. Die Anwendungen werden genauso gestartet wie im Browser. Der untere Bereich, die "Modusliste", zeigt die aktiven Anwendungen. Mit Hilfe der Fensterteiler lassen sich die Bereiche Browser, Ablage und Modusliste in der Größe den Wünschen des Benutzers anpassen.

1.5.1. Benutzerspezifisches Menü

* Das Benutzermenü wird geladen, wenn man auf das Icon mit dem "Kopf" klickt. Links erscheinen in der Anwendungsleiste als Einstieg nun die aufgrund der Stellendefinition erzeugten Bereichsmenüs.

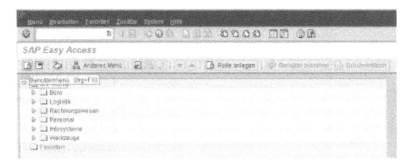

Abb. 13: Wahl des Benutzermenüs

Der entscheidende Vorteil des Benutzermenüs ist:

- der Baum enthält nur die Anwendungen, die dem jeweiligen Benutzer zugeordnet wurden und für die er auch eine Berechtigung hat
- die Zahl der Hierarchiestufen ist klein, da bereits auf Bereichsmenüebene eingestiegen wird (Breite vor Tiefe)
- das Benutzermenü ist PC- unabhängig. (wird auf dem Server gespeichert)

1.5.2. Benutzerrollen

Mit einer Benutzerrolle kann man sich ebenfalls ein benutzerspezifisches Menü anlegen.

Abb. 13: Rollenpflege

Man legt die Menüstruktur selbst fest und kann Benutzer und Berechtigungen für diese Rolle zuordnen.

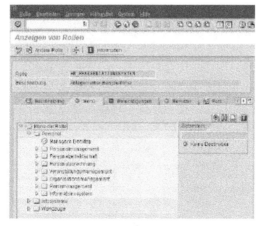

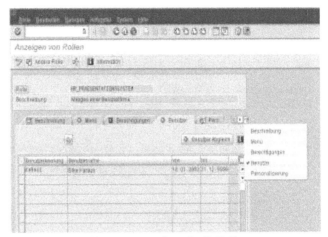

Abb. 14: Benutzerdaten für die Rolle

1.6. geplante Weiterentwicklungen

Grundlage zur Entwicklung des Session Managers waren zwei Forderungen:

- die Konfiguration eines komplexen Systems soll transparent und topdown durch den Kunden erfolgen und zwar auf Grundlage des Arbeitsablaufs bei der Einrichtung
- der Konfigurationsprozess soll durch die Nutzung von Metadaten unterstützt werden.

Die erste Forderung wurde umgesetzt, indem zum einen eine Sicht der Organisation geschaffen wurde (betriebliche Komponentenhierarchie und Stellenbeschreibungen) und zum anderen davon losgelöst eine Sicht des Benutzers auf das System (Benutzermenü und Unternehmensmenü im Session Manager). Die zweite Forderung wurde umgesetzt, indem alle Anwendungen durch Experten (SAP-Berater mit guten Praxiskenntnissen) klassifiziert wurden, d.h. Anwendungskomponenten zugeordnet wurden.

Der Nutzen ergibt sich für alle Beteiligten: das Projektteam, das ein R/3-System einführt, kann transparent alle Komponenten abschalten, die nicht eingesetzt werden. Die Bereichsadministratoren können mit einem Minimum an Aufwand Stellen für ihre Benutzer definieren und haben dabei gleichzeitig eine Kontrolle darüber, was der Benutzer soll und darf.

Der Endbenutzer selbst erhält genau die Anwendungen in einem stark reduzierten Menübaum, die für ihn relevant sind. Mit einer einfach strukturierten Benutzungsoberfläche bekommt er nicht nur die Kontrolle über gestartete Prozesse, sondern kann noch weitere Individualisierungen durch einfaches Drag und Drop vornehmen. Damit ist eine sinnvolle Kombination von direkter Manipulation und

modellbasierter Steuerung gefunden worden. Die Resonanz von Beratern und Nutzern ist entsprechend positiv.
Aufwand entsteht bei dem gewählten Ansatz an einer Stelle - darauf soll abschließend hingewiesen werden: die erzeugten Metadaten müssen ständig aktuell gehalten werden (wenn z.B. neue Anwendungen ergänzt werden) und die Klassifikation einer Anwendung muss valide sein. Um hierbei auf der sicheren Seite zu sein, wird bei dem zur Zeit ausgelieferten Session Manager auf die Auswertung der Zuordnung zu Tätigkeitsklassen verzichtet, um von den Kunden Daten über den Prozess der Stellendefinition zu sammeln. Wenn Erfahrungen vorliegen, kann eine entsprechende Erweiterung vorgenommen werden.
Naheliegend ist auch, dass vom Session Manager nicht nur SAP-Anwendungen aufgerufen werden können, sondern auch beliebige andere Desktop-Applikationen. Dem Benutzer stünde dann ein vollständig integrierter Desktop zur Verfügung. Entsprechende Anforderungen von SAP-Kunden liegen bereits vor.

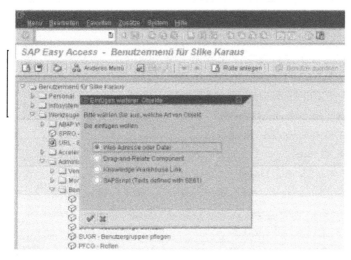

Abb. 15: Weitere Objekte in das Menü einfügen

Abbildungsverzeichnis

Abb. 1: Zusammenwirken Mensch- Arbeitsmittel 1

Abb. 2: Mensch- Maschine- Interaktion 2

Abb. 3: Kriterien ergonomischer Arbeit 3

Abb. 4: Ebenen der Aufgabenbearbeitung aus Benutzer- und Systemsicht 4

Abb. 5: Rechtliche Grundlagen 5

Abb. 6: Themen der Software- Ergonomie 6

Abb. 7a: Funktionale Einheiten der menschlichen Informationsverarbeitung und 7

Handlungssteuerung 7

Abb. 7b: Handlungsmodell der Mensch- Computer- Interaktion 8

Abb. 8: Verarbeitungskapazität 9

Abb. 9: Auswirkungen der Ressourcenbeschränkungen 10

Abb. 10: Vergleich der Stärken von Mensch und Maschine 11

Abb. 11: Vergleich von Mensch und Computer 12

Abb. 12: IFIP (International Federation for Information Processing)-

Benutzungsschnittstellenmodell 13

Abb. 13: Komponenten des Modells 14

Abb. 14: Petrinetz 15

Abb. 15: Das Seeheim- Modell 16

Abb. 16: Dialogkontrolle, Applikationsschnittstelle und Präsentation 17

Abb. 17a: Entscheidungsleiter bei überwachenden Tätigkeiten (nach Rasmussen

1986) 18

Abb. 17b: Drei Basistypen von Unterstützungssystemen 19

Abb. 18: Tätigkeitsmodell von Leontjew 20

Abb. 19: Gestaltungssätze nach Balschek 21

Abb. 19a: Multimodale Interaktion? 22

Abb. 19b: Treemaps (Baumkarten) 23

Abb. 20a: Arten von Metaphern 25

Abb. 20b: Piktogramme, Ikonen 26

Abb. 21: Desktop Architekt von MS Windows 98 27

Abb. 22: Photo Creations Design Studio 28

Abb. 23: Tabellenkalkulator MS Excel 30

Abb. 24: Hierarchische Baumstruktur des Windows- Explorers 30

Abb. 25: Hypergraphen, Eulersche Kreise und Venn Diagramm 31

Abb. 26: Donald A. Norman: „The psychopathology of everyday things" (Auszug) 32

Abb. 27: Donald A. Normans Design- Grundsätze 34

Abb. 28: Die sieben Stadien des Handelns (Norman) 34

Abb. 29: Interaktion, Interaktionsakte und direktes Feedback 35

Abb. 30: Interaktivität oder Interaktion: Der Verlust von Begrifflichkeit 37

Abb. 31: Ausführungs- Bewertungs- Zyklus 40

Abb. 32: Interaction framework (Abowd/Beale) 41

Abb. 33: Deskriptive Interaktionsformen 42

Abb. 34 a: Reihenfolge von Menüelementen 44

Abb. 34: Entwurfsrichtlinien für Menüs 45

Abb. 35: Gestaltungsformen von Menüs (ISO 9241 Part 14) 45

Abb. 36: Menüarten (In vielen Oberflächen kommen mehrere Arten von Menüs

gleichzeitig vor.) 46

Abb. 37: Deiktische Interaktionsformen 52

Abb. 38: Funktionstasten, Netze 53

Abb. 39: Metaphorische Dialoge: Piktogramme, Icons, Desktop- Metapher,

Instrumente und Diagramme 55

Abb. 40: Hybride Interaktionsformen 59

Abb. 41: Entwurfsregeln für Formulare 60

Abb. 42: Arten von Formularen 61

Abb. 43: Aspekte der Funktion (Aufgabenstellung) 63

Abb. 44: Direkt manipulative Systeme 64

Abb. 45: Modell Mensch- Computer- Kommunikation (Benutzersicht) 65

Abb. 46: Modell Mensch- Computer- Kommunikation (Computersicht) 66

Abb. 47: Ebenen von Distanzen 67

Abb. 48: Modelle 68

Abb. 49: Direktheit und Einbezogenheit 68

Abb. 50: Beispiele von Direktheit und Einbezogenheit 69

Abb. 51: Klassen von direkt manipulativen Systemen(1) 70

Abb. 52: Klassen von direkt manipulativen Systemen (2) 71

Abb. 53: Interaktionsstyles 73

Abb. 54: Grundgerüst konstituierender Elemente für einen Dialog 74

Abb. 55: Ebenen des Dialoges 75

Abb. 56: Datenfluss im DANISH DIALOGUE SYSTEM 76

Abb. 57: Interaktionsmodell des DANISH DIALOGUE SYSTEM 77

Abb. 58: Elemente der Interactiv Speech Theory 78

Abb. 59: Diagramm Arten 79

Abb. 59a: Zustandsautomaten 82

Abb. 59b: State Chart 83

Abb. 59c: Petri- Netz 84

Abb. 59d: Flussdiagramm 85

Abb. 59e: JSP (Jackson Structered Programming) 86

Abb. 59f: SD Notation für Structure Chart 87

Abb. 59g: OMT Functional Model Notation 88

Abb. 59h: UML 89

Abb. 60: Textuelle Notationen 90

Abb. 60a: BNF 93

Abb. 60b: Reguläre Ausdrücke 94

Abb. 60c: Produktionsregeln 95

Abb. 60d: CSP 96

Abb. 61: Notationsspezifische Semantik 97

Abb. 62: Verknüpfung zu Programmiersprachen 98

Abb. 63: Verknüpfung zu formaler Semantikspezifikation 99

Abb. 64: Standardformalismen 100

Abb. 64a: The following diagram illustrates the usage and terminology that apply to temporal logic operators 101

Abb. 64b: Black Box Modell 102

Abb. 65: Das Dialogsystem und seine Schnittstellen 103

Abb. 66: Kriterien menschengerechter Arbeit 104

Abb. 67: Eight Golden Rules of Design (Shneiderman) 106

Abb. 68: Vergleich der Definitionen und Normen 108

Abb. 69: Gestalterische Ansprüche an ein Computerprogramm 110

Abb. 70: Das Schalenmodell 111

Abb. 71: Prozess Modell des Software Engineerings 112

Abb. 72: Benutzerklassen (nach Seibt) 113

Abb. 73: Benutzerklassen nach Häufigkeit der Anwendung.................................... 114

Abb. 74: Gründe für Benutzerbeteiligung.. 115

Abb. 75: Wasserfallmodell 116

Abb. 76: V- Modell 117

Abb. 77: Zyklisches Modell.. 118

Abb. 78: Spiralmodell 119

Abb. 79: Ablauf des Prototyping... 120

Abb. 80: Arten des Prototyping... 123

Abb. 80a: Throw- away Prototyping... 126

Abb. 80b: Incremental Prototyping.. 127

Abb. 80c: Evolutionary Prototyping 128

Abb. 81: Techniken des Prototyping... 129

Abb. 81a: Elemente der Benutzermodellierung... 131

Abb. 82: Hierarchische Modelle 132

Abb. 83: Linguistische Modelle 134

Abb. 84: Physikalische Modelle 135

Abb. 85: Tätigkeiten der Implementierung... 136

Abb. 86: Beispiele für Toolkits 137

Abb. 88: Arten von Hilfesystemen... 140

Abb. 89: Intelligente Hilfesysteme... 143

Abb. 90: Klassifikation von Lernsystemen... 144

Abb. 91: Design von Hilfesystemen.. 148

Konfiguration und Präsentation komplexer Anwendungen am Beispiel von SAP.. 149

BEI GRIN MACHT SICH IHR WISSEN BEZAHLT

- Wir veröffentlichen Ihre Hausarbeit,
  Bachelor- und Masterarbeit

- Ihr eigenes eBook und Buch -
  weltweit in allen wichtigen Shops

- Verdienen Sie an jedem Verkauf

Jetzt bei www.GRIN.com hochladen und kostenlos publizieren